W0251344

DOROTHEE FLEISCHMANN

BERLIN

Eine Stadt in Biographien

Herausgegeben
von Norbert Lewandowski

MERIAN *porträts*

DIE AUTORIN

Dorothee Fleischmann, geboren in Bremen, studierte zunächst Architektur, dann Kommunikationswissenschaft und Werbepsychologie in München. 1993 ging sie nach Berlin, schrieb ihre Magisterarbeit über Parteienwerbung und wurde Referentin bei der Treuhandanstalt. Anschließend war sie im Bereich der Unternehmenskommunikation sowie für die Literaturbeilage des »Handelsblatts« tätig. Seit 2001 macht sie Pressearbeit und schreibt als freie Journalistin und Autorin unter anderem Reiseführer und für Reiseportale. 2008 zog sie mit ihrer Familie wieder nach Berlin.

»Berlin, dein Gesicht hat Sommersprossen ...«, sang Hildegard Knef. Sie meinte die Male und Narben, die das Antlitz der Stadt prägen. Ihre Sternstunden und Tragödien, ihre Lebenslust und Götterdämmerungen.

Wie jede außergewöhnliche Metropole wird auch Berlin in erster Linie von den Menschen geprägt, die hier gelebt und gewirkt haben. MERIAN *porträts* stellt einige dieser Menschen vor und lässt sie die Besucher wie individuelle Reiseleiter durch Historie und Gegenwart der Stadt begleiten. In 20 Kapiteln erleben wir das Berlin des Alten Fritz und Bismarcks, den falschen Glanz der 20er-Jahre, die Katastrophe nach 1933, aber auch die magischen Stunden im Herbst 1989, als Willy Brandt unter Tränen sagte, dass nun zusammenwachse, was zusammengehöre. Wir treffen in der Universität auf die Freigeister der Gebrüder Humboldt oder am Prenzlauer Berg auf Käthe Kollwitz, entdecken am Alexanderplatz Alfred Döblin und spüren auf dem Ku'damm die Melancholie von Kurt Tucholsky.

Wir haben die Lieder von Hildegard Knef und Marlene Dietrich im Kopf, sehen die Bilder von Max Liebermann und frösteln an der Gedenkplatte für Rosa Luxemburg am Landwehrkanal. Wir sehen Schinkels Bauwerke und begegnen in den Theatern der Stadt der Schaffenskraft von Max Reinhardt. Und über allem schweben die Berliner Melodien und Gassenhauer von Paul Lincke.

Natürlich ist es schwer, die »richtigen« 20 Personen auszuwählen. Vermutlich ist es, objektiv betrachtet, sogar unmöglich, schließlich wurde Berlin von weit mehr als 20 Menschen geprägt. Doch in der Summe soll unsere subjektive Auswahl jenes unverwechselbare Kaleidoskop ergeben – das Faszinosum Berlin.

Am Ende steht das Lebensgefühl dieser Stadt. Und die unverwechselbare Berliner Luft.

Farbige Kästchen mit Ziffern **1** und farbige Buchstaben-Ziffern-Kombinationen *(▸ D 3)* verweisen auf die Orientierungskarte auf S. 8/9.

AUF EINEN BLICK

Ohne ihre Bewohner wäre die Stadt eine andere. Ohne Friedrich II., Käthe Kollwitz und Willy Brandt … wäre Berlin nicht Berlin.

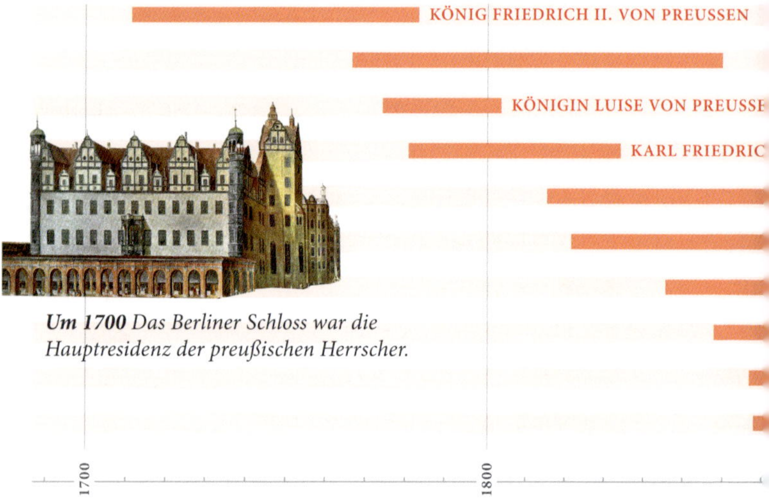

Um 1700 *Das Berliner Schloss war die Hauptresidenz der preußischen Herrscher.*

Um 1900 *»Zille sein Milljöh«: Mit sozialkritischem Blick porträtierte der Künstler das Leben in Berliner Arbeitervierteln.*

1788–1791 *Als Wahrzeichen Berlins ist das Brandenburger Tor Symbol für viele Ereignisse in der Geschichte der Hauptstadt.*

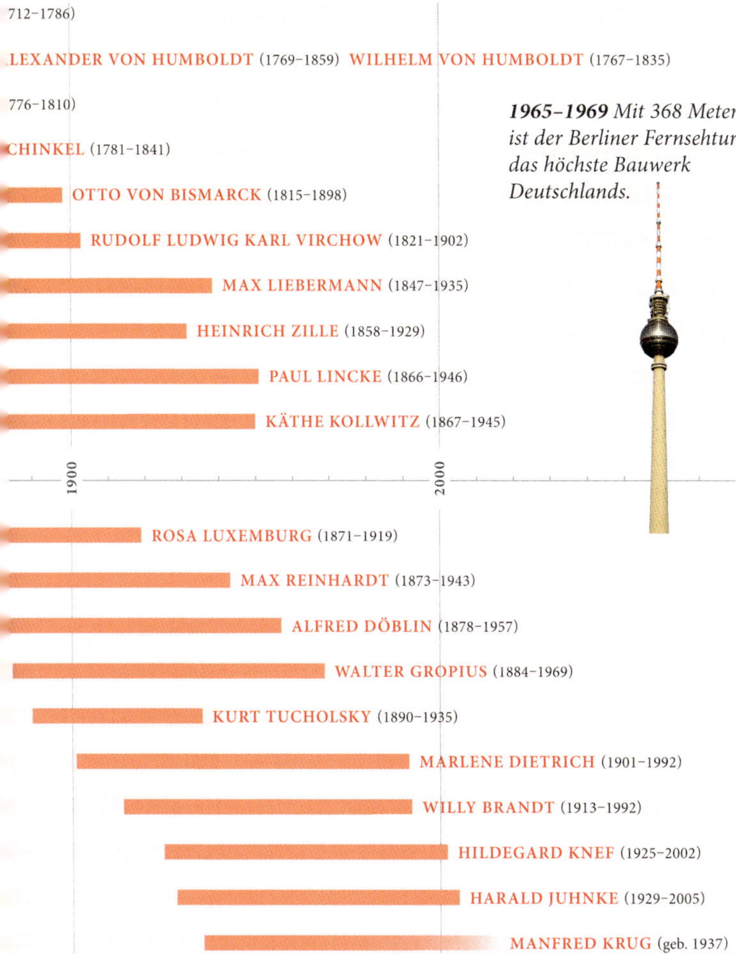

1965–1969 *Mit 368 Metern ist der Berliner Fernsehturm das höchste Bauwerk Deutschlands.*

ORIENTIERUNG

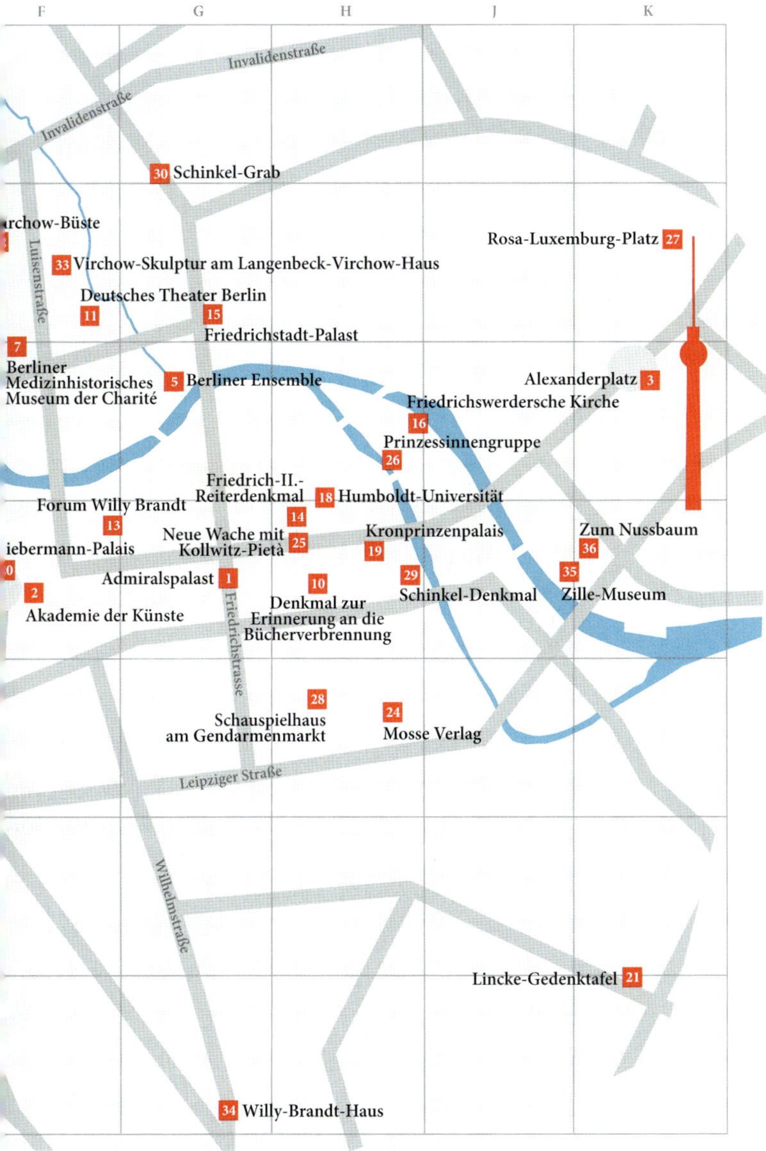
F
G
H
J
K
Invalidenstraße
Invalidenstraße
30 Schinkel-Grab
rchow-Büste
Luisenstraße
Rosa-Luxemburg-Platz 27
33 Virchow-Skulptur am Langenbeck-Virchow-Haus
Deutsches Theater Berlin
11
15
Friedrichstadt-Palast
7
Berliner Medizinhistorisches Museum der Charité
5 Berliner Ensemble
Alexanderplatz 3
Friedrichswerdersche Kirche
16
Prinzessinnengruppe
26
Friedrich-II.-Reiterdenkmal
18 Humboldt-Universität
Forum Willy Brandt
13
14
Neue Wache mit Kollwitz-Pietà
25
Kronprinzenpalais
19
Zum Nussbaum
36
iebermann-Palais
0
Admiralspalast
1
10
29
35
2
Denkmal zur Erinnerung an die Bücherverbrennung
Schinkel-Denkmal
Zille-Museum
Akademie der Künste
Friedrichstrasse
28
24
Schauspielhaus am Gendarmenmarkt
Mosse Verlag
Leipziger Straße
Wilhelmstraße
Lincke-Gedenktafel 21
34 Willy-Brandt-Haus

KÖNIG FRIEDRICH II. VON PREUSSEN

1712–1786

Der »Alte Fritz« ist die berühmteste Persönlichkeit Berlins. Der Philosoph, Musiker und Feldherr auf dem Preußenthron schuf eine europäische Großmacht und verewigte sich in ihrer Metropole Berlin.

Die Berliner werden ihn immer lieben, ihren »Alten Fritz«. Doch auf seinem Grabstein liegen keine Blumen, sondern Kartoffeln. König Friedrich II. von Preußen wurde auf eigenen Wunsch auf der Terrasse seines geliebten Schlosses *Sanssouci* in *Potsdam* beigesetzt. Er hat einst die Kartoffel als Nahrungsmittel in Preußen durchgesetzt und so entscheidend den Hunger bekämpft. Mit dem Kartoffelbefehl von 1756 hat er mutmaßlich viele Menschenleben gerettet. Soldaten, Feldwächter und Ratsdiener mussten den Anbau so lange überwachen, bis schließlich alle die Segnungen dieser Pflanze begriffen. Die Dankbarkeit der Berliner und Brandenburger währt bis heute; deshalb legen sie ihrem »Alten Fritz« Kartoffeln aufs Grab.

Friedrich II. wurde am 24. Januar 1712 im *Berliner Stadtschloss* *(▸ J4)* geboren und starb am 17. August 1786 in *Potsdam*. Die Freude in Berlin war groß, als er das Licht der Welt erblickte, denn die Eltern, König *Friedrich Wilhelm I.* und seine Gattin *Sophie Dorothea von Hannover*, hatten bereits zwei Söhne verlo-

Friedrich II. von Preußen hatte als junger Kronprinz Probleme mit dem Vater. Ein Gemälde von Antoine Pesne (1736).

ren. Es krachten Kanonenschüsse, sie verkündeten die Geburt des Königssohns. Zeitlebens schlugen zwei Seelen in seiner Brust, die des Philosophen und die des mächtigen Herrschers.

Der junge Friedrich wurde sehr streng und religiös erzogen. Sein Tagesablauf war genau vorgeschrieben, vom Frühstück in sieben Minuten bis zur Freizeit nach 17 Uhr, in der Friedrich alles tun konnte, was er wollte, »wenn es nur nicht gegen Gott ist«.

So sah es hier im 19. Jahrhundert aus: der Boulevard Unter den Linden, eine Illustration von Ludwig Edward, um 1845.

Schon früh entstanden Konflikte mit dem strengen Vater. Als er heimlich mit dem Flötenunterricht begann, kam es immer häufiger zu schweren Auseinandersetzungen. Die Interessen des Vaters, des Soldatenkönigs Friedrich Wilhelm I., galten dem Militär und der Wirtschaft, nicht aber den schöngeistigen Liebeleien seines Sohnes. Und der junge Friedrich provozierte den Streit durch sein aufsässiges Verhalten. Mit Stockschlägen soll der Vater versucht haben, seinem Sohn die philosophischen Ideen auszuprügeln. Erfolglos.

Als Friedrich II. sich mit dem musisch gebildeten und acht Jahre älteren Leutnant *Hans Hermann von Katte* anfreundete, dessen Weltgewandtheit ihn begeisterte, wurden die Auseinandersetzungen besonders heftig. Im Frühjahr 1730 wollte der Prinz nach England fliehen und weihte seinen Freund in den Plan ein. Der Fluchtversuch in der Nacht vom 4. auf den 5. August 1730 scheiterte. Von Katte wurde durch einen kompromittierenden Brief als Mitwisser entlarvt und von einem Kriegsgericht wegen Desertion zu lebenslanger Festungshaft verurteilt. Auf Druck des Königs wurde die Strafe in ein Todesurteil umgewandelt. Der Herrscher zwang seinen Thronfolger, die Hinrichtung mitanzusehen; jedoch soll Friedrich vorher in Ohnmacht gefallen sein.

Ursprünglich wollte der Soldatenkönig auch seinen Sohn wegen Verrats hinrichten lassen und sah erst nach massiven europäischen Interventionen von Kaiser Karl VI. und Prinz Eugen davon ab; schließlich verurteilte er ihn »nur« zu einer Festungshaft, sein Status als Prinz wurde ihm zeitweilig aberkannt. Über die Gründe für die drakonische Härte der Bestrafung wird noch heute spekuliert: Der Soldatenkönig habe von Katte als »Verführer« seines Sohnes gesehen; manche Quellen mutmaßen sogar eine homosexuelle Beziehung zwischen den beiden Freunden.

EINE EHE, DIE KEINE IST …

Erst durch seine Heirat mit der ungeliebten *Elisabeth Christine von Braunschweig-Bevern* – auch auf Druck des Königs – im Jahr 1732 sowie durch militärische Leistungen konnte Friedrich II. sich von seinem strengen Vater befreien. Die jungen Eheleute zogen nach *Schloss Rheinsberg* am Grienericksee, die Ehe blieb jedoch distanziert und kinderlos.

Schon vor der Verlobung hatte Friedrich seinen beiden Schwestern, die er achtete und denen er vertraute, von der Abneigung gegen seine künftige Gattin erzählt: Sie sei »schlecht erzogen, ist blöde und weiß sich nicht zu benehmen«. Lieber als seiner Ehefrau widmete sich der Kronprinz dem Studium der Philosophie, der Geschichte und Poesie. Auf *Rheinsberg* komponierte er 1738 seine erste Sinfonie und verfasste verschiedene Schriften, in denen er sich mit dem aufgeklärten Absolutismus auseinandersetzte.

Als sein Vater 1740 starb, trennte sich Friedrich von seiner Frau und wies ihr als Wohnsitz *Schloss Schönhausen* zu, wo sie über fünf Jahrzehnte einsam verbrachte. Nunmehr König, begann Friedrich mit der Umsetzung politischer Reformen, darunter die Abschaffung der Folter. Toleranz und Offenheit gehörten zu seinen hervorstechendsten Eigenschaften. Das zeigte sich in vielerlei Hinsicht in Berlin: Einwanderer kamen in die Stadt, religiöse Minderheiten wie Hugenotten und Katholiken wurden geduldet, eine französische Zeitung für Politik und Kultur gegründet und eine eingeschränkte Pressefreiheit – für den Literaturteil – eingeführt. Alle Religionen waren aus Friedrichs Sicht gleich zu bewerten, »jeder soll nach seiner Façon selig werden«.

In *Friedrichshagen*, einem Stadtteil von Berlin-Köpenick, steht ein *Standbild des Preußenkönigs*. Er blickt kühn und selbstbewusst in die Ferne. So stellt man sich den König zu Beginn seiner erfolgreichen Karriere vor. Das Denkmal wurde zur 250-Jahr-Feier *Friedrichshagens* im Jahre 2003 aufgestellt und stammt von dem armenischen Bildhauer *Spartak Babajan*. Das Standbild stellt Friedrich II. als jungen Herrscher dar, der durch die Trockenlegung von Landstrichen, Neugründung von Dörfern und Ansiedlung von Kolonisten Friedrichshagen friedlich eroberte.

Ganz anders sieht die Bronzeplastik vor dem Neuen Flügel des *Charlottenburger Schlosses* aus, wo Friedrich II. gemeinsam mit seinem Großvater, *Friedrich I.*, steht. Links König Friedrich I., der Bauherr des Schlosses, rechts von ihm Friedrich der Große, der Landesherr und Schlachtenlenker. Mit seinem Feldmarschallstab stützt er sich auf Gesetzbücher, ein Zeichen für seinen Gerechtigkeitssinn. Weil er es abgelehnt hatte, schon zu Lebzeiten als Denkmal verewigt zu werden, ist die Arbeit von *Johann Gottfried Schadow* das erste Monument von ihm. Sein Blick ist in die Ferne gerichtet und steht für die Weltoffenheit des Monarchen. Friedrich

Friedrich II. führte die Kartoffel in Preußen ein. Noch heute werden ihm die Knollen auf sein Grab in Sanssouci gelegt.

korrespondierte mit *Voltaire*, interessierte sich für Kunst, sammelte Bilder und war ein Förderer der zeitgenössischen Kunst. Er spielte hervorragend Querflöte und komponierte eigene Stücke.

Unter Friedrich dem Großen entwickelte sich Berlin im 18. Jh. allmählich zur Metropole und Preußen zur politischen und militärischen Großmacht. Berlin wurde zu einem Zentrum der Aufklärung. Seine Freundschaft mit *Georg Wenzeslaus von Knobelsdorff* führte zum Bau eines neuen Stadtzentrums, dessen Gebäude bis heute das Stadtbild in Mitte prägen. Repräsentationsbauten entstanden, die Allee *Unter den Linden* *(▸ F4–H4)* entwickelte sich zur Prachtstraße: Das *Zeughaus*, das *Kronprinzenpalais* 19 *(▸ H4)* und das *Opernpalais*, die *Staatsoper* und das *Prinz-Heinrich-Palais* (heute Humboldt-Universität 18 *(▸ H3/4)*), die *St. Hedwigs-Kathedrale* und die *Alte Bibliothek* wurden gebaut. Auch die Königliche Porzellan-Manufaktur wurde auf Initiative Friedrichs eröffnet.

Als Feldherr galt Friedrich der Große lange Zeit als unbesiegbar. Im Siebenjährigen Krieg von 1756 bis 1763 konnte er sich gegen drei europäische Großmächte (Frankreich, Österreich und Russland) behaupten. Der Monarch schonte sich wenig, die zahlreichen Kriegszüge, an denen er persönlich teilnahm, zehrten körperlich und seelisch an ihm. Nach einer der wenigen Niederlagen (bei *Kunersdorf* 1759) schrieb er: *»Meine Kleidung ist von Kugeln durchlöchert, zwei Pferde wurden mir unter dem Leib erschossen, mein Unglück ist, dass ich noch am Leben bin.«* Seine eiserne Konsequenz im Siebenjährigen Krieg verdeutlicht folgendes Zitat: *»Es ist nicht nötig, dass ich lebe, wohl aber, dass ich meine Pflicht tue und für das Vaterland kämpfe, um es zu retten, wenn es noch zu retten ist.«* Trotz des Sieges und des endgültigen Gewinns der Provinz Schlesien ließ er sich ungern feiern.

FRIEDRICH II. SCHEUTE DEN TOD NICHT

Auf dem wuchtigen, 36 Tonnen schweren Reiterdenkmal »Der Alte Fritz« 14 *(▸ H 4)* auf dem Mittelstreifen *Unter den Linden* sitzt Friedrich der Große hoch zu Ross. Es wurde 111 Jahre nach seiner Thronbesteigung am 31. Mai 1851 enthüllt. 1840 wurde nach vielen Diskussionen der Grundstein gelegt. König *Friedrich Wilhelm IV.* nahm sich des Projektes an, was ihm nicht nur Lob einbrachte. Vielmehr kursierte der Spruch: *»Alter Fritz, steig du hernieder, und regier die Preußen wieder. Lass in diesen schlechten Zeiten, Friedrich Wilhelm weiterreiten.«*

Das Denkmal überstand mit einigen Blessuren beide Weltkriege, wäre aber in den 50er-Jahren beinahe – wie andere Denkmäler, die nicht der kommunistischen Ideologie entsprachen – im Schmelztiegel gelandet. Es überlebte schließlich im Park von *Sanssouci* und wurde 1980 auf Veranlassung von Erich Honecker wieder an seinem ursprünglichen Platz *Unter den Linden* aufgestellt.

Im Alter zog sich der charismatische Preußenkönig, der schwer von der Gicht geplagt wurde, auf sein Schloss nach *Sanssouci* zurück. Kein anderes Schloss ist so mit seiner Persönlichkeit verbunden wie dieses. Der Name – ohne Sorge – war Wunsch und Idee des Königs. Sein einstiger Sommersitz wurde ihm zum Lieblings- und Zufluchtsort in schwierigen Zeiten. Hier streifte er mit seinen Hunden durch den Schlosspark.

Friedrich der Große wurde zum Inbegriff für deutsche Disziplin. Er war ein autoritärer Reformer und aufgeklärter Patriarch, ein sensibler Schöngeist und als strategischer Feldherr ein Genie. Toleranz, Wissenschaft und Aufklärung waren für ihn die Mittel, um Berlin und Brandenburg entscheidend aufzuwerten. Darüber hinaus war ihm das Wohlergehen der Bevölkerung ein wichtiges Anliegen: *»Jedem Bürger sein Besitztum sichern und alle so glücklich zu machen, wie es die menschliche Natur zulässt, ist Pflicht derer, die an der Spitze der Gesellschaft stehen«*, lautete sein Wahlspruch.

DENKMAL IN KÖPENICK-FRIEDRICHSHAGEN
Marktplatz, Treptow-Köpenick
▶ S-Bahn: Friedrichshagen

DENKMAL VOR DEM SCHLOSS CHARLOTTENBURG
Charlottenburg
▶ U-Bahn: Mierendorffplatz, Richard-Wagner-Platz

FRIEDRICH-II.-REITERDENKMAL 14 ▸ *H4*
Unter den Linden, Mitte
▶ S-Bahn: Friedrichstraße, Alexanderplatz

SCHLOSS SANSSOUCI MIT GRABPLATTE
Potsdam
www.sanssouci-sightseeing.de
▶ Bus ab Potsdam Hbf.: Schloss Sanssouci, Luisenplatz, Fahrzeit ab Berlin Hbf. ca. 70 Min.

WILHELM VON HUMBOLDT

1767–1835

ALEXANDER VON HUMBOLDT

1769–1859

Forscher, Entdecker, Philologe, Universitätsgründer, Humanist – nie wieder hat es in Deutschland so ein Bruderpaar gegeben. Berlin verdankt ihm eine geistige Aura, die seit über 200 Jahren strahlt.

Schloss »Langweil« nannten sie den Familiensitz in *Tegel.* Das mutet schon etwas komisch an, denn die Brüder Wilhelm und Alexander von Humboldt sind – auch oder gerade heute – ein Symbol für Weltoffenheit und gleichzeitig der Inbegriff geistigen Lebens in Berlin. Vielleicht war die Ruhe und Einsamkeit des Schlosses ja der Grund, dass es sie zeitlebens in die Ferne zog. Den einen nicht über die Grenzen Europas hinaus, den anderen dafür am liebsten um die ganze Welt. Obwohl beide gar nicht so gern in ihre Heimatstadt zurückkehrten, sondern viel lieber weiter geforscht hätten, ist Berlin besonders stolz auf diese bemerkenswerten Söhne.

So trifft man auf den Namen Humboldt an den unterschiedlichsten Stellen: *Humboldt-Schloss*, Humboldtforum, Humboldtinsel, *Humboldt-Universität* 18 *(▸ H 3/4)*, Humboldt-Hafen, *Humboldt-Bibliothek*, Humboldthain und *Humboldt-Denkmal*, Humboldt-Gesellschaft oder Little Humboldt – dieser Name ist auch nach mehr als 200 Jahren präsenter denn je und steht für fortschritt-

Forscher, Entdecker, Weltreisender: das Denkmal für Alexander von Humboldt vor dem Hauptgebäude der Humboldt-Universität.

liches Denken und Wissen. Er verleiht dieser Stadt jenen einzigartigen Glanz, den zeitgenössische Berliner Persönlichkeiten nur noch sehr selten verbreiten.

Alexander von Humboldt hatte sich »Schloss Langweil« als Namen für sein Zuhause ausgedacht. Der Ortsteil Tegel lag im 18. Jh. weitab vom geistigen Zentrum Berlins, wo die Familie nur in den Wintermonaten lebte. Die Brüder erhielten eine umfas-

Der Lesesaal im Grimm-Zentrum der Humboldt-Universität. 2009 zog die Universitätsbibliothek in dieses neue Gebäude um.

sende Erziehung durch Hauslehrer, die dem aufklärerischen Denken nahestanden und den Jungen ein breites Wissen vermittelten. Alexander, der mit sechs Jahren lesen und schreiben konnte, aber als der lernunwilligere galt, zeigte schon früh sein Interesse für die Natur und hieß bald in seiner Familie »der kleine Apotheker«. Sein zwei Jahre älterer Bruder Wilhelm konnte schon mit drei Jahren lesen und schreiben und offenbarte früh sein sprachliches Talent. Auf Wunsch der Mutter sollte Wilhelm Jura, Alexander Staatswirtschaftslehre studieren. Doch sie hatten ihre eigenen Vorstellungen und gingen bald eigenen Interessen nach.

An der Universität in *Göttingen*, dem damaligen Zentrum der aufgeklärten Wissenschaften, studierte Wilhelm Sprachen, Philosophie, Staats- und Naturwissenschaften. Alexander besuchte Vorlesungen der Physik, Anatomie, Zoologie und Biologie. Am meisten interessierte ihn jedoch *Georg Forster*, der als Naturfor-

scher die Welt umsegelt hatte. Das war auch sein großer Traum, den er alsbald realisieren sollte.
Von *Göttingen* ging Alexander an die *Bergakademie* in *Freiberg*, um das Innere der Erde zu erforschen. Nach dem Tod seiner Mutter verabschiedete er sich sofort vom Staatsdienst, um nun – durch das Erbe ermöglicht – als Wissenschaftler die Welt zu entdecken. Am 5. Juni 1799 brach er Richtung *Südamerika* auf. Fünf Jahre später betrat er wieder europäischen Boden. Sein Ziel war eine Gesamtdarstellung des physisch-geografischen Wissens der Zeit. Erst 1829 machte er sich auf eine weitere Forschungsreise zum *Ural*. Dann kehrte er endgültig und auf Wunsch des preußischen Königshauses nach Berlin zurück.

Er war ein beliebter Gast bei Hof, ein Vorzeigewissenschaftler, dessen Anekdoten und Reisebeschreibungen gern gehört wurden. Alexander galt als äußerst unterhaltsam, obwohl er in offiziellen Gesellschaften häufig politisch und religiös aneckte. Seine Zeitgenossen schätzten und fürchteten seinen Witz und seine Ironie. Doch fiel ihm das Leben in seiner Heimatstadt nicht besonders leicht; er hätte lieber die Welt entdeckt.

EINE GROSSE LIEBE TRITT IN WILHELMS LEBEN

Wilhelm von Humboldt zählt bis heute zu den großen Gelehrten der deutschen Kulturgeschichte, er ist einer der Urväter der Konzeption der Universität zu Berlin. Schon als 13-Jähriger spricht er fließend Griechisch, Latein und Französisch. Anfang 1790 tritt er nach dem Abschluss seiner Studien in den preußischen Staatsdienst in Berlin ein. Bereits ein Jahr später verlässt er auf eigenen Wunsch die sichere Anstellung und heiratet im Juni 1791 *Caroline von Dacheröden*.

Friedrich Schiller nennt sie »ein unvergleichliches Geschöpf«, für *Goethe* ist sie die bedeutendste Frau ihrer Zeit. Caroline ist nicht nur klug, gebildet und abenteuerlustig, sondern ebenso leidenschaftlich musisch interessiert. Zusammen bereisen sie Europa, fördern deutsche Künstler, sammeln Kunst. Sie führen eine moderne Ehe mit Verhältnissen und Affären, lieben sich dennoch sehr. *»Ich glaube nicht, dass es noch einmal zwei Menschen auf Erden gibt, auf die das verehelichte Leben so tief und wechselseitig gewirkt hat wie bei uns«*, schreibt Wilhelm von Humboldt.

Zunächst leben sie auf den Familiengütern Carolines. Wilhelm wird kritischer Berater und Mitarbeiter Schillers in *Jena*, später auch der von Goethe. Ende 1797 ziehen sie nach *Paris* um, 1803 bis 1808 folgt *Rom*. Das Domizil der Humboldts wird zum Treffpunkt für Künstler und Wissenschaftler. Anschließend übernimmt Wilhelm die Sektion für Kultus und Unterricht im Preußischen Innenministerium und leitet grundlegende Reformen im Erziehungssystem ein. 1819 wird er seiner Ämter enthoben, da er sich den Karlsbader Beschlüssen widersetzt und eine liberale Verfassung für Preußen erreichen will.

Wilhelm und Caroline ziehen sich auf den Familiensitz nach *Tegel* zurück. Hier setzt er seine sprachwissenschaftlichen Forschungen fort, das Paar bildet bald wieder das Zentrum für die geistige Elite der Stadt. Als Caroline am 26. März 1829 stirbt, wird sie auf ihren Wunsch im *Tegeler Park* bestattet.

Wilhelm, der »Philosoph von Tegel«, besucht jeden Abend das Grab seiner Frau, bis er selbst am 8. April 1835 neben ihr begraben wird. Die Schriftstellerin und Salonière *Rahel Varnhagen von Ense*, eine Freundin von Caroline, äußert sich über das Paar: *»Mit größerer Grazie war noch niemand verheiratet, völlige Freiheit gebend und nehmend.«*

Alexander von Humboldt überlebt seinen älteren Bruder um über 20 Jahre. Die unübersehbare Menschenmenge, die seinem Sarg im Mai 1859 zum Dom folgt, ist nach zeitgenössischen

Die Humboldt-Universität von Berlin, im Vordergrund das Denkmal des Gründers Wilhelm von Humboldt.

Berichten nur mit der zu vergleichen, die die 270 Berliner Märzgefallenen der Revolution von 1848 begleitete. Alexander wird neben seinem Bruder im Familiengrab beigesetzt. *»Es ist ein glänzendes Gestirn im Reich des Geistes für diese Welt erloschen«*, schreibt der Philologe August Böckh.

Die enorme Popularität Alexanders lag nicht zuletzt an seinem Lebenswerk »Kosmos«, einer Gesamtschau der wissenschaftlichen Welterforschung.

An Rahel Varnhagen von Ense, die ihn bei der sprachlichen Gestaltung beraten sollte, schrieb er 1834: *»Ich habe den tollen Einfall, die ganze materielle Welt, alles, was wir heute von den Erscheinungen der Himmelsräume und des Erdenlebens, von den Nebelsternen bis zur Geographie der Moose auf den Granitfelsen wissen, alles in einem Werke darzustellen, und in einem Werke, das zugleich in lebendiger Sprache anregt und das Gemüt ergötzt.«*

Schloss Humboldt liegt in einer wundervoll ruhigen und friedvollen Atmosphäre; es ist bis heute bewohnt. Ein langer Weg führt auf das weiße Bauwerk zu. 1766 gelangte es in den Besitz der Familie von Humboldt. Wilhelm von Humboldt gestaltete das Anwesen nach Plänen *Karl Friedrich Schinkels* im Stil des Klassizismus um. Die Innengestaltung wurde auf die hier untergebrachte Antikensammlung abgestimmt, die das Paar während ihres Italienaufenthaltes angelegt hatte. So entstand hier das erste preußische Antikenmuseum. Eine Lindenallee, an der auch die rund 400 Jahre alte Wilhelm-von-Humboldt-Eiche steht, führt zu der Familiengrabstätte der Humboldts.

DIE HÜTER VON FREIHEIT UND HUMANITÄT

Ganz in der Nähe des Schlosses, direkt am Tegeler See, liegt die Humboldtinsel. Hier entstehen »Floating Houses« – unsinkbare schwimmende Häuser für Wassersportbegeisterte mit direktem Wasserzugang. Wenige Schritte weiter, am Tegeler Hafen, steht ein Denkmal der Humboldt-Brüder. Alexander hantiert mit einem Sextanten, Wilhelm hält ein aufgeschlagenes Buch in der Hand, worin steht: *»Verweile in der Menschlichkeit, gründe dich auf Gerechtigkeit.«* Das Denkmal, auf dem die Brüder zum ersten Mal gemeinsam abgebildet sind, wurde erst 1997 aufgestellt.

Und vor der *Humboldt-Universität* **18** *(▸ H 3/4)* sitzen die Humboldt-Brüder in Stein rechts und links neben dem Eingangstor. Jahrelang hatte sich ein Komitee bemüht, Alexander von Humboldt zum 100. Geburtstag mit einem Nationaldenkmal zu ehren. Doch 1869 hatte man eher kriegerische Pläne, ein Waffengang mit Frankreich zeichnete sich ab. Der Akademische Senat erklärte sich schließlich unter der Bedingung bereit, dass gleichzeitig eines für Wilhelm von Humboldt errichtet würde. 1883 wurden die Denkmäler am Eingang zum Ehrenhof der Universität aufgestellt.

»Wo Wilhelm und Alexander von Humboldt Wache halten, da wird immerdar sein eine Stätte edelsten, menschlichen Strebens, freier Forschung und freier Lehre«, sagte der damalige Rektor der Berliner Universität in seiner Festrede.

So sitzen sie beide einträchtig vor der Hochschule, die auf Initiative Wilhelm von Humboldts gegründet wurde. Zuerst hieß sie Friedrich-Wilhelms-Universität, benannt nach dem preußischen König, dann Berliner Universität, schließlich Universität Unter den Linden. Erst 1949 erhielt sie den Namen ihres Gründers. Bedeutende Wissenschaftler wie der Philosoph *Johann Gottlieb Fichte* erarbeiteten mit Humboldt das Universitätskonzept, das bis heute besteht: Forschung und Lehre, freie Wissenschaft und Persönlichkeitsformung sollen miteinander verbunden werden. Ein Prinzip, das im Dritten Reich mit der Diffamierung und teilweisen Ermordung der jüdischen Lehrkräfte sowie mit der ideologischen Ausrichtung während der DDR-Zeit schwerste Krisen zu durchstehen hatte.

Letztendlich hat das Humboldt'sche Ideal über alle politischen Perversionen und Verirrungen gesiegt. Es sind nur drei Worte: Veritas – Iustitia – Libertas. Wahrheit, Gerechtigkeit, Freiheit.

HUMBOLDT-DENKMAL
Eichborndamm 215-239, Tegel
▶ U-Bahn: Alt-Tegel

HUMBOLDT-UNIVERSITÄT 18 ▸ *H 3/4*
Unter den Linden, Mitte
▶ S-Bahn: Hackescher Markt, Alexanderplatz

SCHLOSS TEGEL MIT GRAB DER HUMBOLDTS
Adelheidallee 19, Tegel
▶ U-Bahn: Alt-Tegel

KÖNIGIN LUISE VON PREUSSEN

1776–1810

Sie kam aus der Provinz und heiratete einen Prinzen. Die ebenso schöne wie kluge Frau wurde eine wahrhaftige Königin der Herzen. Die Berliner liebten sie über alles und verehren sie bis heute.

Es war einmal ein Mädchen, das hieß Luise und verlor mit sechs Jahren seine Mutter. Der Vater, ein Herzog, gab das Kind mit den beiden Schwestern *Friederike* und *Therese* zur Großmutter. Als das Mädchen heranwuchs, durften sie und ihre Schwester die Großmutter auf eine Reise nach Frankfurt begleiten. Dort war auch der preußische König zu Gast und wurde auf die alte Dame mit ihren liebreizenden Mädchen aufmerksam, denn er war auf der Suche nach Gemahlinnen für seinen ältesten Sohn und dessen Bruder.

Der König war gebannt von ihrer Schönheit. Er reiste zurück nach Berlin und erzählte seinen Söhnen von den Mädchen. Kurze Zeit später kamen die Schwestern Luise und Friederike nach Berlin, wo sie das Volk des Königs begeistert empfing. Luise heiratete den Kronprinzen, gebar ihm zehn Kinder und war ihm eine treu sorgende Ehefrau und Ratgeberin. Als der alte König *Friedrich Wilhelm II.* starb, bestieg ihr Mann den Thron und Luise wurde mit 21 Jahren an seiner Seite Königin. Die Berliner liebten

Schön, einfühlsam, klug: Luise von Preußen wurde von ihrem Volk geliebt – hier ein Gemälde von Josef Maria Grassi (1802).

und bewunderten das Königspaar, vor allem aber Luise. Doch der Krieg und die politischen Umbrüche im Land forderten auch von der königlichen Familie große Opfer. Sie wurden von Napoleon vertrieben und konnten erst nach mehreren Jahren in ihre geliebte Heimat zurückkehren.

Luise hatten die schweren Jahre schwach und traurig gemacht. Sie kam kränkelnd zurück und verließ im Alter von 34 Jahren ihre

Blick vom Berliner Dom auf das Kronprinzenpalais im Hintergrund. Hier lebten Friedrich Wilhelm III. und seine Frau Luise.

Familie, ihr Volk und Berlin für immer. Bis heute erzählt man sich, dass sie an gebrochenem Herzen starb.
Das Leben von Königin Luise klingt wie ein Märchen. Die blutjunge Prinzessin von Mecklenburg-Strelitz eroberte Berlin im Sturm. Jung, schön, unbeschwert und offen kam sie in die Stadt, die Herzen der Berliner flogen ihr zu. Bis heute hält diese Luisen-Begeisterung an. 2010 feierte Berlin an vielen Orten das Luisenjahr. Die Besucher kamen in Scharen und stürmten Ausstellungen wie »Luise – Leben und Mythos der Königin« im *Schloss Charlottenburg*, »Die Inselwelt der Königin« auf der *Pfaueninsel* und »Die Kleider der Königin« im *Schloss Paretz*, wo sie die Sommermonate verbrachte.

Der Romantiker August Wilhelm Schlegel nennt sie bereits im 18. Jh. »Königin der Herzen«. Luise betört Männer wie Frauen, alle schwärmen von ihr: »Alles an ihr übertrifft noch das Zauberhafteste, was man sich denken kann.« Fröhlich kommt sie nach Berlin, um den Kronprinzen *Friedrich Wilhelm III.* zu heiraten. Charmant und interessiert geht sie auf die Bewohner der Stadt zu. Als sie bei ihrer Ankunft von einem kleinen Mädchen mit einem Gedicht begrüßt wird, hebt sie das Kind spontan hoch, küsst es und ist erstaunt, als man ihr sagt, dass ein solches Verhalten nicht zu ihrer hohen Stellung passe.

Am 24. Dezember 1793 wird Luise mit Friedrich Wilhelm III. im *Berliner Stadtschloss* getraut, zwei Tage später ihre Schwester Friederike und Prinz *Friedrich Ludwig Karl von Preußen.* Die jungen Paare ziehen in zwei benachbarte Gebäude an der Straße Unter den Linden: Im *Kronprinzenpalais* 19 *(▸ H 4)* (Unter den Linden 3) lebt Luise mit ihrem Mann Friedrich Wilhelm III., im *Prinzessinnenpalais* (Unter den Linden 5, wo sich heute das Restaurant Opernpalais befindet) Friederike und Ludwig. Luise, die für ihr zuweilen ungestümes Naturell bekannt ist, lernt Regeln und Pflichten am preußischen Hof. Gräfin *Sophie Marie von Voß*, eine erfahrene Hofdame, wird ihre Lehrmeisterin, Ratgeberin und schließlich Vertraute.

EINE PREUSSIN MIT IDEALMASSEN

Glücklicherweise lehnt auch ihr Mann im privaten Bereich jede Art von hergebrachter Förmlichkeit ab. Das Paar pflegt einfache, in ihren Kreisen ungewöhnliche Umgangsformen. Sie sprechen von »meinem Mann« und »meiner Frau«. Die beiden lieben Spaziergänge ohne Gefolge, sie bummeln unbeschwert über Volksfeste wie den Berliner Weihnachtsmarkt. Man wohnt im *Kronprinzenpalais* und verbringt die Sommermonate am liebsten im ländlichen Herrenhaus *Paretz.* Das einfache Schloss, das wegen seiner Lage von Zeitgenossen den Beinamen »Schloss Still-im-Land« erhielt, bietet Friedrich Wilhelm Erholung von seinen

Amtsgeschäften und Luise die Landluft und Ruhe, die sie besonders während ihrer zahlreichen Schwangerschaften braucht.

2010 belegt die Ausstellung »Die Kleider der Königin« Luises Vorliebe für extravagante Mode, die sie sich als First Lady natürlich auch leisten konnte. Luise ist auf eine kapriziöse Art eitel und mit ihren Maßen – 1,73 Meter groß, Kleidergröße 34 bis 36 – Preußens erstes Topmodel. Ihre Mutterrolle erfüllt sie vorbildlich. In knapp 17 Ehejahren bringt sie zehn Kinder zur Welt, die zumeist in ihrer Nähe aufwachsen. Der Familienalltag gleicht weitestgehend dem der entstehenden bürgerlichen Gesellschaft des 19. Jh.

LUISE IST KLUG, ZIELSTREBIG, WISSBEGIERIG

Als bezaubernd und makellos wurde Luise durchweg dargestellt – auf Gemälden, als Büste oder Plastik, in Briefen oder Büchern. Besonders anmutig ist das berühmte Denkmal »Die Prinzessinnengruppe« 26 *(‣ H 3)* von Johann Gottfried Schadow. Er zeigt zwei hübsche junge Frauen, die einander stützend und haltend wie Freundinnen zusammenstehen. Obwohl es im Leben eher umgekehrt war, stützt Luise sich auf ihre jüngere Schwester, salopp das Bein eingeknickt. Luises Mann war einer der wenigen, dem das Denkmal aufgrund der körperbetonten Darstellung missfiel. Die Fachleute und das Berliner Publikum dagegen waren begeistert. Seit 2007 steht eine Kopie der Prinzessinnen im Vestibül des Neuen Flügels von *Schloss Charlottenburg*. Das Original befindet sich in der Alten Nationalgalerie und wurde anlässlich des 200. Todestages der Königin restauriert.

In den ersten Jahren in Berlin wächst Luise in ihre Pflichten bei Hof hinein. Sie beobachtet Staatsaffären und Machtkämpfe, lernt das politische Geschäft kennen und begreift die Zusammenhänge. Luise stellt sich allen Aufgaben, ist zielstrebig und wissbe-

Die Bildhauer Alex Agwanjan und Konstantin Garapatsch modellieren 2008 eine Kopie der Prinzessinnengruppe von Gottfried Schadow.

gierig. Sie umgibt sich mit hoch gebildeten Männern wie *Wilhelm von Humboldt*, um die neue Weltpolitik zu begreifen. Sie hört Vorträge und liest viel. Und sie gilt als kluge Beraterin ihres Mannes. Dieser weiß genau, was er an ihr hat; er schickt sie sogar im Krieg zu *Napoleon* nach *Tilsit*, um mildere Friedensbedingungen auszuhandeln. Napoleon, als Frauenverehrer berühmt-berüchtigt, zeigt sich beeindruckt von Luise und fragt sie, warum die Preußen ihn angegriffen hätten. Ihre hellsichtige Antwort offenbart ihren Sinn für politische Realitäten: *»Der Ruhm Friedrichs des Großen hat uns über unsere Mittel getäuscht.«*

Die Bedingungen des Friedens von Tilsit vom 9. Juli 1807 sind trotz der Begegnung sehr hart; die Königsfamilie muss lange Zeit in *Königsberg* bleiben. Luise vermisst Berlin und ihre Familie; ihre Gesundheit lässt nach. Erst zwei Jahre später, im Dezember 1809, darf das Königspaar endlich zurückkehren. Die Freude der Berliner ist grenzenlos und sie bereiten der königlichen Familie einen überwältigenden Empfang. Anlässlich der Rückkehr des Königspaares wird nach dem Abzug der französischen Truppen aus Berlin die *Luiseninsel* 22 *(▸ D 5)* im Tiergarten an der Tiergartenstraße neu gestaltet. Heute steht Königin Luise dort als Marmorstatue, mit ihrem Gemahl und dem zweiten Sohn Prinz *Wilhelm*, der 1861 preußischer König und zehn Jahre später als Wilhelm I. der erste Kaiser des Deutschen Reiches werden sollte.

SIE BESUCHT IHREN VATER – UND STIRBT

Als Luise 1810 endlich ihren Vater und die geliebte Großmutter wiedersehen kann, schreibt sie voller Übermut: »Ich glühe vor Freude und schwitze wie ein Braten.« Sie fährt nach *Neustrelitz* und nach kurzem Aufenthalt weiter ins *Schloss Hohenzieritz.* Als sie dort ankommt, muss sie sofort fiebernd ins Bett. Eine Lungenentzündung wird diagnostiziert, es folgen Erstickungsanfälle und Kreislaufstörungen. Ihr Zustand wird nicht besser, der König reist am 19. Juli 1810 mit seinen beiden ältesten Söhnen an. Vier Stunden später stirbt Luise. Bei der Obduktion werden ein total zerstörter Lungenflügel sowie eine Geschwulst im Herzen festgestellt. Die Freundin Gräfin von Voß schreibt in ihr Tagebuch: *»Die Ärzte sagen, der Polyp im Herzen sei eine Folge zu großen und anhaltenden Kummers.«*

Unter großer Anteilnahme der Bevölkerung wird der Leichnam nach Berlin überführt, drei Tage im *Berliner Stadtschloss* aufgebahrt und am 30. Juli 1810 im *Berliner Dom (▸ J 4)* beigesetzt. Fünf Monate später findet Luise ihren endgültigen Platz in einem Mausoleum, das inzwischen von Heinrich Gentz unter Mitarbeit von Karl Friedrich Schinkel im Park des *Schloss Charlottenburg* neu errichtet worden war. Die Grabskulptur der Königin wurde auf Wunsch von Friedrich Wilhelm III. durch Christian Daniel Rauch geschaffen.

Der König selbst begleitete den Bildhauer mit Vorschlägen. 30 Jahre später wird der König 1840 neben seiner geliebten Frau beigesetzt. *Schloss Charlottenburg* gilt immer als das Refugium von Königin Luise. Im Neuen Flügel befinden sich die original ausgestatteten Wohnräume. Ihre Räume sind schlicht, ohne Gold oder Stuck. Ihr Schlafzimmer mit einem eleganten Bett aus Birnbaumholz entwarf Schinkel für die junge Königin. Im Schlosspark steht eine Büste von Königin Luise. Da wirkt ihr Gesicht schon nicht mehr so unbeschwert, sondern eher nachdenklich und ein wenig traurig. Häufig liegen Blumen auf dem Sockel oder auf ihrem Haarkranz.

Am Anfang waren es vor allem ihre Schönheit und Anmut, ihre Offenheit und Freundlichkeit, später auch ihre Tapferkeit und Tatkraft, die Königin Luise von Preußen zu einer der großen deutschen Persönlichkeiten machte, obwohl ihr nur 15 Jahre für ihr Lebenswerk blieben. Eine Märchenkönigin, wie sie Berlin, Preußen und Deutschland nie wieder hatte.

KRONPRINZENPALAIS 19 ▸ *H 4*
Unter den Linden 3, Mitte
▶ S-Bahn: Hackescher Markt, Alexanderplatz

LUISENINSEL IM TIERGARTEN 22 ▸ *D 5*
Denkmal auf der Luiseninsel, Tiergarten
▶ U- und S-Bahn: Potsdamer Platz

PRINZESSINNENGRUPPE IN DER ALTEN NATIONAL-GALERIE 26 ▸ *H 3*
Bodestraße 1–3, Mitte
▶ U-Bahn: Friedrichstraße

SCHLOSS CHARLOTTENBURG UND MAUSOLEUM IM SCHLOSSPARK CHARLOTTENBURG
Charlottenburg
www.spsg.de
▶ U-Bahn: Mierendorffplatz, Richard-Wagner-Platz

KARL FRIEDRICH SCHINKEL

1781–1841

Er war Grafiker, Maler, Bühnenbildner, Stadtplaner – und der bedeutendste Baumeister Berlins. Ohne seine berühmte klassizistische Architektur wäre die deutsche Hauptstadt um vieles ärmer.

Den Kopf gehoben, in die Weite blickend, den Zeichenblock in der Hand: So steht er mitten in Berlin – der große Baumeister Karl Friedrich Schinkel. Einen besseren Platz hätte die Bronzefigur nicht bekommen können 29 *(▸H 4)*: Hier hat Schinkel gewirkt und gewohnt. Von hier aus hat er das Bild der Stadt Berlin mitgestaltet und viele der Gebäude in der Umgebung entworfen. Hier, vor dem Gerippe der einstigen Bauakademie, steht er zwischen seinen beiden ehemaligen Kollegen *Peter Christian Beuth*, dem früheren Direktor der Technischen Deputation und Chef des Gewerbeinstituts, und dem Agrarwissenschaftler *Albrecht Thaer*. Im Zentrum des alten und des neuen Berlins und im Zentrum seines Schaffens. Der Bildhauer Friedrich Drake hat ihn zeichnend dargestellt.

Schinkel vereinte viele Talente in sich: Er war Anfang des 19. Jh. nicht nur der wichtigste Berliner Architekt und Stadtplaner. Seine Bilder wurden auf Kunstausstellungen gezeigt, für das *Berliner Theater* oder das *Schauspielhaus am Gendarmen-*

Kritischer Geist und genialer Bildhauer: Karl Friedrich Schinkel prägte mit seinen Bauten Berlin. Gemälde von Karl Schmidt (1880).

markt 28 *(▸ H5)* entwarf er Bühnenbilder, für die königlichen Schlösser und Landsitze plante Schinkel die Innenarchitektur und Möbel, die heute noch im Schloss Charlottenhof und Charlottenburg zu sehen sind. Selbst Gartenmöbel aus Gusseisen entwarf er. Bei der Königlichen Porzellan-Manufaktur (KPM) Berlin kann man immer noch die Vasen »Fidibus« und »Trompetenform«, den zweiteiligen »Zuckerkorb« und den »Schinkelkorb« kaufen, die

Das klassizistische Schauspielhaus am Gendarmenmarkt ist eines der Hauptwerke Schinkels. Im Hintergrund der Deutsche Dom.

auf seine Entwürfe zurückgehen. Bis zu seinem Tod arbeitete er an einem Wandbild für das *Alte Museum* (▸ J 4/5). Karl Friedrich Schinkel war ein Allroundgenie, und Berlin verdankt ihm zahlreiche prägnante Gebäude.

Der 1781 in *Neuruppin* geborene Schinkel, Sohn des Theologen *Johann Christoph Schinkel*, kommt mit 13 nach Berlin und geht auf das *Gymnasium zum Grauen Kloster*. Er ist ein schlechter Schüler, doch an Kunst interessiert, sehr musikalisch und im Zeichnen begabt. Als er eine Ausstellung mit Architekturzeichnungen von *Friedrich Gilly* sieht, steht für ihn fest, dass er Baumeister werden will.

Mit 18 Jahren geht er auf die private Bauschule, schreibt sich ein Jahr später als Student an der neu gegründeten Berliner Bauakademie ein und besucht Vorlesungen an der Akademie der Künste. Nach dem Studium bereist er Europa. In Berlin beginnt er seine Karriere mit der Malerei, da in Preußen nach der Niederlage gegen Napoleon noch nicht an Bauprojekte zu denken ist. In seinen Bildern entwickelt er jene architektonischen Ideen, die er später in seinen Bauten verwirklichen will.

Als im Jahr seiner Heirat Preußens Königin *Luise* und *Friedrich Wilhelm III.* aus Ostpreußen nach Berlin zurückkehren, ist Schinkel bereits stadtbekannt. Das geistige Leben Berlins ist nach dem Ende der französische Besatzungszeit neu erwacht, die Stadt soll eine eigene Universität bekommen und endlich neue Prachtbauten. Schinkel ist begeistert von der Aufbruchsstimmung: *»Phlegma, sei es körperlich oder geistig, ist ein sündhafter Zustand für den, der in Zeiten der Bildung lebt.«*

Er ist humanistisch gebildet, ein fortschrittlicher Denker und kennt Dichter wie *Brentano* oder *Goethe* persönlich. Als Beamter gilt er zwar als äußerst gewissenhaft, doch gleichzeitig ist er ein moderner, geistreicher Intellektueller. Er ist Gutachter und arbeitet als Bühnenbildner, Mozarts Zauberflöte wird 1816 mit seinen Bühnenbildern aufgeführt. Auf Vorschlag *Wilhelm von Humboldts* bekommt Schinkel eine Stelle bei der Oberbaudeputation im Ressort »Öffentliche Prachtbauten«. Ab 1815 werden dann endlich Staatsbauten wie die *Neue Wache* 25 *(▸ G 4)*, das *Schauspielhaus* 28 *(▸ H 5)* und das *Alte Museum* nach seinen Plänen verwirklicht.

Er reist mehrmals nach Weimar und zeigt Goethe 1820 die Pläne seines neuen *Berliner Schauspielhauses am Gendarmenmarkt*, das alte war 1817 fast vollständig abgebrannt. Der Dichter ist sehr beeindruckt: *»Herr Geheimer Rath Schinkel machte mich mit den Absichten seines neuen Theaterbaues bekannt und wies zugleich unschätzbare landschaftliche Federzeichnungen vor, die er auf einer Reise in Tyrol gewonnen hatte … Eine lebhafte, ja leidenschaftliche Kunstunterhaltung ergab sich dabei, und ich durfte diese Tage unter die schönsten des Jahres rechnen.«*

Beispielhaft für diese Zeit ist die Entstehung des *Alten Museums*. Die bisher vor der Öffentlichkeit verschlossenen Kunstsammlungen sollen nun allen Bürgern zugänglich gemacht werden, um ihnen eine umfassende Bildung zu ermöglichen. König Friedrich Wilhelm III. teilt dieses Bildungsideal mit dem Reformer Wilhelm von Humboldt und beauftragt Schinkel mit der Planung des Museums. Dem Regenten schwebt »eine Freistätte für Kunst und Wissenschaft« mit einer antiken Bebauung auf der nördlichen Spreeinsel vor. Schinkel integriert das Königliche Museum in ein Ensemble rund um den Lustgarten: das *Stadtschloss* im Süden als Symbol der weltlichen Macht, das *Zeughaus* *(▸ H 4)* im Westen, um das Militär zu repräsentieren, und der *Berliner Dom* im Osten, der die göttliche Macht verkörpert.

Der Lustgarten wird nach den Vorstellungen Schinkels durch *Peter Joseph Lenné* neu gestaltet. An der Frontseite des Gebäudes steht der Stiftungsgedanke: *»Friedrich Wilhelm III. hat zum Studium der Altertümer jeder Art, sowie der freien Künste 1828 dieses Museum gestiftet.«* Das *Alte Museum* wird das erste öffentliche Museum Berlins, an dem Schinkel die ganze Zeit eng mit Wilhelm von Humboldt zusammenarbeitet.

ER HOLT ITALIENISCHES FLAIR NACH BERLIN

In der folgenden Zeit verwirklicht der Architekt zahlreiche Berliner Bauten, die bis heute erhalten sind: die *Schlossbrücke* *(▸ H 4)* in Mitte, die Umgestaltung des Schlosses in Tegel (*Humboldt-Schloss*), die *Luisenkirche* in Charlottenburg, die *Friedrichswerdersche Kirche* 16 *(▸ J 3)* in der Werderstraße in Mitte, *Schloss Glienicke* in Wannsee, *Schloss Charlottenhof* und die *Nikolaikirche* in *Potsdam*. Die *Neue Wache* 25 *(▸ G 4)*, Unter den Linden, wird von 1816 bis 1818 nach Plänen Schinkels erbaut und gilt als eines der bedeutendsten Bauwerke des Klassizismus. An dem schlichten

Denkmal für Karl Friedrich Schinkel vor der Friedrichswerderschen Kirche.

Gebäude werden antike Formen aufgegriffen und in ein militärisch-funktionales Bauwerk integriert.

Mit *Schloss Glienicke* holt Schinkel italienisches Flair nach Berlin. Das Anwesen, einst Sommerschloss des Prinzen *Carl von Preußen*, liegt im Südwesten Berlins, im Ortsteil Wannsee an der Glienicker Brücke. Carl ist begeistert von der Kultur der Antike und will sich seinen »Traum von Italien« im heimatlichen Berlin verwirklichen. Einige Skizzen und Details erhält Schinkel von Carls künstlerisch begabtem Bruder und integriert diese in seine Entwürfe. Erneut in Zusammenarbeit mit Lenné entsteht eine südlich anmutende Architektur- und Gartenlandschaft, die mit Antiken aus der Sammlung Prinz Carls verziert wird. Mit dem Tod des Prinzen endet die Glanzzeit der Glienicker Anlage.

Das Anwesen erbt später sein Enkel *Friedrich Leopold*, der wenig Interesse am Glienicker Sommerschloss zeigt. Das Gebäude verfällt, viele antike und mittelalterliche Sammlerstücke verkauft er, und bereits in den 1920er-Jahren sind die antiken Gegenstände, die Prinz Carl über Jahrzehnte zusammengetragen hat, weltweit verstreut. Im Zweiten Weltkrieg wird das Schloss in ein Lazarett umfunktioniert, nach dem Krieg kurzzeitig als Offizierskasino der

Roten Armee genutzt. In den 50er-Jahren zieht ein Sporthotel ein und dann eine Heimvolkshochschule. Erst seit Ende der 80er-Jahre wird das Schloss als Museum genutzt, das Schinkel-Möbel und Kunstgegenstände ausstellt, die zum großen Teil aus dem Besitz des Prinzen Carl stammen.

Durch viele öffentliche Aufträge wird Schinkel 1830 Direktor der Bauakademie, ein Jahr später Oberbaudirektor und damit für die gesamte Bautätigkeit in Preußen verantwortlich. Alle staatlichen Bauvorhaben für das Königreich Preußen, deren Kosten 500 Taler übersteigen, müssen fortan von ihm und seinen Kollegen in ökonomischer, funktionaler und ästhetischer Hinsicht begutachtet werden.

Der arbeitseifrige Schinkel überarbeitet alle Entwürfe selbst, um so die öffentlichen Bauten in ganz Preußen stilistisch zu optimieren. Sein klassizistischer Stil gerät zur Mode. Als Schinkel 1838 Oberlandesbaudirektor und damit der Architekt des Königs wird, ist der Höhepunkt seiner Baumeisterkarriere erreicht.

In der *Friedrichswerderschen Kirche*, die nach Schinkels Plänen und in dem von ihm entwickelten neogotischen Stil erbaut wurde, steht ein Denkmal des Baumeisters. Der König hatte befohlen, Schinkel und andere Künstler zu ehren, *»die sich um die Wiederbelebung der Kunst … verdient gemacht haben«*.

BITTERES ZERWÜRFNIS MIT DEM NEUEN KÖNIG

Seine angeschlagene Gesundheit zwingt ihn allerdings immer häufiger zu Pausen und zu Kuraufenthalten. Auf einer Bahnfahrt nach Potsdam befällt eine Lähmung den rechten Arm, außerdem verliert er seinen Geruchssinn. Trotzdem reduziert Schinkel sein gewaltiges Arbeitspensum keineswegs. Überdies stirbt am 7. Juni 1840 sein großer Förderer König *Friedrich Wilhelm III.* Der Inthronisierung seines Nachfolgers *Friedrich Wilhelm IV.*

bleibt Schinkel aus Krankheitsgründen fern, was den neuen Monarchen offensichtlich schwer kränkt. Es kommt zu einem letzten Zusammentreffen, bei dem Friedrich Wilhelm IV. einige sarkastische Worte sagt und dann Schinkel einfach stehen lässt. Das königliche Verhältnis zum Baumeister ist irreparabel zerrüttet.

Mit 59 Jahren erleidet er mehrere schwere Schlaganfälle und bleibt halbseitig gelähmt. Friedrich Schinkel stirbt nach einem Jahr Siechtum am 9. Oktober 1841 in Berlin. Sein Ehrengrab befindet sich auf dem *Dorotheenstädtischen Friedhof* 30 *(▸ G 1)* in Mitte. Es trägt als Schmuck ein Medaillon mit dem Porträt Schinkels von August Kiß. Den künstlerischen Nachlass Schinkels kaufte König Friedrich Wilhelm IV. für ein Museum auf. Bald darauf wurde in Schinkels ehemaliger Wohnung im zweiten Obergeschoss der Berliner Bauakademie das erste Schinkelmuseum eingerichtet.

Schinkels Stil und seine Leistungen im Bauwesen führten in Preußen schließlich zur Schinkelschule, einer reduzierten, zweckmäßigen Architektur; sie war ein Wegbereiter der frühen Moderne. Das ist das unsterbliche Erbe von Friedrich Schinkel.

FRIEDRICHSWERDERSCHE KIRCHE 16 ▸ *J 3*
Werderscher Markt, Mitte
▶ S-Bahn: Hackescher Markt

SCHAUSPIELHAUS AM GENDARMENMARKT 28 ▸ *H 5*
Mitte
▶ U-Bahn: Stadtmitte

SCHINKEL-DENKMAL 29 ▸ *H 4*
Schinkelplatz, Mitte
▶ S-Bahn: Hackescher Markt, Alexanderplatz

SCHINKEL-GRAB 30 ▸ *G 1*
Dorotheenstädtischer Friedhof
Chausseestraße, Mitte
▶ U-Bahn: Oranienburger Tor

OTTO VON BISMARCK

1815–1898

Er kam aus einem Dorf und hatte große Pläne: Der »Eiserne Kanzler« schuf das deutsche Kaiserreich – und in Berlin den Kurfürstendamm: Er ließ seinen geliebten Reitweg zum Großstadtboulevard ausbauen.

Ich brauche keine Denkmäler, mein Denkmal ist das Deutsche Reich«, soll Otto von Bismarck, Reichskanzler und engster Mitarbeiter Kaiser Wilhelms I., gesagt haben. Daran hielt sich niemand. Über 900 Statuen und Bismarcksäulen gibt es in Deutschland. Das *Berliner Denkmal Bismarcks am Großen Stern* 8 *(▸ B 4)*, das sich früher vor dem *Reichstag (▸ E/F 4)* befand, wurde 1938 an seinen heutigen Platz verrückt. Es stand den ehrgeizigen Visionen des NS-Baumeisters Albert Speer im Weg; er hatte hier für seinen Umbau Berlins den Verlauf einer Nord-Süd-Achse geplant, also musste Bismarck versetzt werden. Das von Reinhold Begas geschaffene Nationaldenkmal war 1901 eingeweiht worden. Es zeigt den »Eisernen Kanzler« in einer Uniform der Halberstädter Kürassiere, die er im Reichstag zu tragen pflegte. In der Hand hält er die Urkunde der Reichsgründung. Den Blick hält Otto von Bismarck auf die Siegessäule gerichtet.

Geboren wurde Otto Eduard Leopold von Bismarck-Schönhausen am 1. April 1815 in *Schönhausen* an der Elbe. Väterlicher-

Otto von Bismarck in der Uniform der Halberstädtischen Kürassiere. Ein Ölgemälde aus dem späten 19. Jahrhundert.

seits stammte er aus einem alten Adelsgeschlecht. Seine Mutter *Wilhelmine Luise Mencken* war eine Bürgerliche aus einer Familie von Gelehrten und Beamten. Sie sorgte dafür, dass er mit sechs Jahren aus seinem Kindheitsparadies, dem elterlichen Gutshof, gerissen wurde. Er kam ins Internat nach Berlin, in die *Plamannsche Erziehungsanstalt*, die ihm nach eigenen Worten wie ein Gefängnis erschien. Er vermisste die Felder und die Bäume, das

Der Kurfürstendamm geht auf eine Initiative Bismarcks zurück. Er ist nach wie vor der beliebteste Boulevard Berlins.

Leben auf dem Land so sehr, dass er klagte: *»Die Plamannsche Anstalt lag so, dass man auf einer Seite ins freie Feld hinaussehen konnte. Am Südwestende der Wilhelmstraße hörte damals die Stadt auf. Wenn ich aus dem Fenster ein Gespann Ochsen die Ackerfurche ziehen sah, musste ich immer weinen vor Sehnsucht nach Kniephof.«* Das Institut lag am Ende der Wilhelmstraße, der dazu gehörige Garten dort, wo sich heute die Stresemannstraße befindet. Am Haus der Nummer 30 ist eine alte Gedenktafel angebracht: *»Hier stand die Bismarcklinde im Garten der Plamannschen Erziehungsanstalt, deren Zögling der Fürst war (1822–1827).«*

Ab 1827 besucht er das traditionsreiche *Gymnasium zum Grauen Kloster*, das bis heute in *Berlin-Schmargendorf* steht. Bismarck erhält die umfassende Bildung eines Patriziersohnes seiner Zeit. Er kann Griechisch und Latein, spricht und schreibt fließend Französisch und beherrscht Englisch auch recht gut. Wie viele

Junker ist er ein rauflustiger, echter Haudegen, feiert Saufgelage, geht zur Jagd und ist ehrgeizig. Oft sieht man ihn in Begleitung einer deutschen Dogge. Fast 60 Jahre lang besitzt er Exemplare dieser Rasse. Einmal, 1878, nahm er seinen Hund sogar mit auf den Berliner Kongress. Von da an wurden die Tiere »Reichshunde« genannt. Am *Bismarckplatz* im Stadtteil *Grunewald* gibt es ein Standbild, das ihn mit einem seiner geliebten Gefährten zeigt.

Otto von Bismarck ist als Student Mitglied einer schlagenden Verbindung; Rebellen und Aufständische, die die Einheit des deutschen Reiches fordern, gefallen ihm nicht. Immer wieder aufs Neue ist er verliebt, selbst aus seiner Referendariatsstelle in der Provinzialverwaltung in *Aachen* fliegt er raus, weil er den eingereichten Urlaub wochenlang überschritten und sich in dieser Zeit auf einer Reise durch Deutschland mit einer 17-jährigen Pfarrerstochter vergnügt hat.

Als am 1. Januar 1839 seine Mutter mit 48 Jahren an Krebs stirbt, bricht Otto von Bismarck seine Referendariatsausbildung ab und übernimmt die Verwaltung der Familiengüter. Durch seinen Freund *Moritz von Blankenburg* trifft er auf einen Kreis von Pietisten und begegnet einer jungen Frau, die einen tiefen Eindruck bei ihm hinterlässt: *Marie von Thadden*. Beide fühlen sich zueinander hingezogen, aber Marie ist bereits mit Moritz von Blankenburg verlobt. Sie ist sehr religiös und will ihr Versprechen auch Bismarck zuliebe nicht brechen. Als sie ihre Hochzeit feiert, wählt sie ihre Freundin *Johanna von Puttkamer* (1824–1894), die Tochter eines Großgrundbesitzers aus der Nachbarschaft, als Tischdame für ihn aus. Marie von Thadden stirbt bereits im Alter von 23 Jahren.

Nach ihrem unerwarteten Tod, der Bismarck tief erschüttert, hält er um die Hand Johannas an. Am 28. Juli 1847 heiraten die beiden. Sie bewohnen gemeinsam *Schloss Schönhausen*, das Bismarck seit dem Tod des Vaters im Jahr 1845 bewirtschaftet. Sie führen eine glückliche Ehe, auch weil Johanna sich ganz der Familie, ihrem Mann und den drei gemeinsamen Kindern widmet.

Die Politik entdeckt Bismarck mit Anfang 30. *König Friedrich Wilhelm IV.* hat den Vereinigten Landtag einberufen, weil der öffentliche Ruf nach demokratischen Reformen und nationaler Einigung nicht mehr zu überhören ist. Bismarck ist zu diesem Zeitpunkt Deichhauptmann in *Schönhausen* und muss für einen erkrankten Abgeordneten einspringen. Schon mit seiner ersten Rede im Parlament hinterlässt er tiefen Eindruck, der König wird auf ihn aufmerksam. *»An Grundsätzen hält man nur fest, solange sie nicht auf die Probe gestellt werden; geschieht das, so wirft man sie fort, wie der Bauer die Pantoffeln, und läuft, wie einem die Beine von Natur gewachsen sind …«*, sagt Bismarck am Anfang seiner politischen Laufbahn. Solche Sprüche sind bezeichnend für ihn.

BISMARCK WILL DAS DEUTSCHE REICH

Während der Märzrevolution von 1848 hält er sich in *Potsdam* auf und ist entsetzt über die Nachgiebigkeit von Friedrich Wilhelm IV., der nach den blutigen Kämpfen zum Zeichen des Zugeständnisses an die Revolution mit einer schwarz-rot-goldenen Armbinde durch die Linden reitet: *»Ich trage die Farben, die nicht mein sind, aber ich will nichts usurpieren, ich will Deutschlands Freiheit«*, erklärt er, und die Berliner jubeln ihm zu. Für dieses Verhalten des Königs hat Bismarck kein Verständnis.

Ab 1849 ist Bismarck Mitglied des Landtags und 1850 in der preußischen Union in Erfurt. Er tritt für die kleindeutsche Lösung ein, ein vereintes deutsches Reich ohne Österreich, mit der Vorherrschaft Preußens. Acht Jahre lang ist er als Gesandter beim Frankfurter Bundestag. Und er dient *Wilhelm I.*, dem »Kartätschenprinzen«. Diesen Beinamen hatte dieser 1848 erhalten, als

Und über allen und allem thront der »Eiserne Kanzler«: das Bismarck-Denkmal am Rande des Großen Sterns im Tiergarten.

er die Aufständischen vor dem Berliner Stadtschloss mit Waffengewalt zur Räson bringen will. Es gibt viele Tote, Prinz Wilhelm wird von seinem Bruder Friedrich Wilhelm IV. nach England geschickt, bis die Situation sich wieder beruhigt hat. In den Straßen Berlins wird gesungen: *»Schlächtermeister Prinz von Preußen, komm doch, komm doch nach Berlin! Wir wollen Dich mit Steinen schmeißen. Und die Barrikaden ziehn.«*

Als König Friedrich Wilhelm IV. in geistige Umnachtung fällt, übernimmt Wilhelm I. die Regentschaft. Bismarck wird nach St. Petersburg versetzt; Wilhelms Frau, die spätere *Königin Augusta*, hegt eine starke Abneigung gegen Bismarck. 1861 besteigt Wilhelm I. den Thron und als Bismarck ein Jahr später nach Berlin berufen wird, hofft er, zum Regierungschef ernannt zu werden. Stattdessen wird er erst einmal als Gesandter nach Paris geschickt. 1862, als es in Berlin zu einer Staatskrise kommt, erhält Bismarck eine Depesche des Kriegsministers Roon und kehrt eilig in die Stadt zurück. Wilhelm I. hat eine Abdankungsrede verfasst. Er weiß keine andere Lösung mehr, um die wegen einer Militärreform anhaltenden Machtkämpfe mit dem Landtag zu beenden. Bismarck stimmt ihn um – und wird von Wilhelm I. zum Kanzler ernannt. Wenige Tage später hält er seine berühmte Rede: *»Nicht auf Preußens Liberalismus sieht Deutschland, sondern auf seine Macht. Nicht durch Reden und Majoritätsbeschlüsse werden die großen Fragen der Zeit entschieden – das ist der große Fehler von 1848 gewesen –, sondern durch Eisen und Blut.«*

DER KU'DAMM WAR BISMARCKS REITWEG

Mit der Reichsgründung und dem starken Wachstum der Stadt rückte der *Kurfürstendamm*, ein ehemaliger Knüppelpfad, ins Blickfeld der Stadtplaner und auch Bismarcks. Der neu gegründete Berlin-Charlottenburger Bauverein sah einen Ausbau auf 30 Meter Breite vor – viel zu schmal, wie Bismarck 1883 in einem Brief urteilte. Nachdem er in Paris die Champs-Élysées gesehen hatte, wünschte er sich seinen Reitweg zum Boulevard ausgebaut. Da Berlin bereits Richtung Grunewald expandierte, wurde die Idee des Reichskanzlers umgesetzt. Am 5. Mai 1886 war der 53 Meter breite *Kurfürstendamm* angelegt, mit einem Reitweg in der Mitte. Bismarck hat nicht mehr erlebt, wie in den 20er-Jahren Cafés, Revuetheater und Tanzlokale die Straße der Intellektuellen, Künstler und Vergnügungssüchtigen belebten. Und er musste nicht miterleben, wie unter den Nazis 1938 in der Pogromnacht jüdische Geschäfte und die Synagoge zerstört wurden.

1888 stirbt Bismarcks langjähriger Dienstherr im Alter von 91 Jahren. Von Wilhelm I. ist der Satz überliefert: »Es ist nicht leicht, unter einem solchen Kanzler König zu sein.« Damit beschreibt er die wechselvolle Beziehung, die beide verband, am besten. Immer hatte sie zwischen Ablehnung und Bewunderung geschwankt. Sein todkranker Sohn *Friedrich III.* folgt ihm für nur 99 Tage auf den Thron. Als *Wilhelm II.* den Thron besteigt, beginnen neue Zeiten. Der junge Kaiser liebt das Militär und die Uniformen. Die Pickelhaube wird zum Symbol für den preußischen Militarismus.

Bismarck mag den jungen Kaiser von Anfang an nicht und ist überzeugt, dass er ihn leicht lenken kann. Er will, obwohl mittlerweile 73 Jahre alt, die Macht noch nicht abgeben. Nach vielen Meinungsverschiedenheiten kommt es am 17. März 1890 zum Bruch. Wilhelm II. fordert Bismarck auf, sein Rücktrittsgesuch einzureichen. Gekränkt verlässt Bismarck Berlin und begibt sich auf seinen Alterssitz nach *Friedrichsruh*. Er beginnt seine Memoiren zu schreiben, in denen er mit seinen Gegnern abrechnet. Als seine Frau Johanna 1894 stirbt, wird es einsam um ihn. Vier Jahre später, am 30. Juli 1898, geht sein ereignisreiches Leben zu Ende.

In Berlin ist das imposanteste aller Bismarck-Denkmäler längst verschwunden: In Köpenick stand auf dem Müggelberg die 40 Meter hohe Bismarck-Warte. 1945 sprengte die Wehrmacht den Turm, um den russischen Armeen bei ihrem Dauerfeuer auf Berlin die Möglichkeit zur Orientierung zu nehmen.

BISMARCK-NATIONALDENKMAL 8 ▸ *B 4*
Am Großen Stern, Tiergarten
▶ U-Bahn: Hansaplatz, S-Bahn: Tiergarten

BISMARCK-STANDBILD MIT HUND
Bismarckplatz, Grunewald
▶ S-Bahn: Halensee

GYMNASIUM ZUM GRAUEN KLOSTER
Salzbrunnerstraße 41–47, Berlin-Schmargendorf
www.graues-kloster.de
▶ S-Bahn: Hohenzollerndamm

RUDOLF LUDWIG KARL VIRCHOW

1821–1902

Er war medizinischer Pionier und politischer Visionär. Und er kämpfte wie ein Löwe für bessere Lebensbedingungen. Berlin und seine Menschen haben ihm unendlich viel zu verdanken.

Weise und sanfte Augen, ein ernstes, in sich ruhendes Gesicht. Vertrauen, Würde und Wissen strahlt dieser Rudolf Ludwig Karl Virchow aus. Der Mann, der Bahnbrechendes für die Stadt Berlin leistete, der sich wilde Wortgefechte mit Bismarck lieferte. Der Mann, der in der Medizin wegweisend war. Seine Patienten nannten ihn liebevoll »den kleinen Doktor«. Denn Virchow war von Gestalt alles andere als imponierend: Sein Abbild am *Langenbeck-Virchow-Haus* 33 *(▸ F 2)* zeigt einen kleinen, mageren Mann.

Sieht so etwa ein Revolutionär aus? Wohl kaum. Dennoch revolutionierte er das Gesundheitswesen in Berlin, kümmerte sich um eine bessere medizinische Versorgung und setzte sich für den Bau neuer Krankenhäuser ein. Er plädierte für mehr Parks und Spielplätze, um auch die Situation der proletarischen Familien zu verbessern. Weil er als Arzt allein nicht genug ausrichten konnte, engagierte er sich politisch und kämpfte für seine Ansichten und medizinischen Erkenntnisse.

Rudolf Ludwig Karl Virchow, ein streitbarer Arzt, Forscher und Sozialpolitiker. Ein Porträt von Hanns Fechner (1891).

Heute stoßen wir auf diesen Menschen mit vielen Talenten, den Arzt, den Politiker und sozialen Vorkämpfer, an mehreren Stellen rund um die *Charité*: Auf dem Karlplatz, ganz in der Nähe der *Charité,* steht seit 1910 eine große *Virchow-Büste* 32 *(▸ F 2)* des Bildhauers *Fritz Klimsch.* Eine weitere Büste von Virchow befindet sich vor dem Pathologischen Institut des Krankenhauses. Sie ist eine Kopie der Marmorbüste, die im Dekanat steht, und

Virchows Handwerkszeug: Sektionsbesteck aus dem 19. Jahrhundert im Medizinhistorischen Museum.

wurde im Jahre 1882 von Bernhard Afinger angefertigt. Eine weitere Büste Virchows, geschaffen von dem Potsdamer Bildhauer *Marcus Golter*, befindet sich an der Fassade des *Langenbeck-Virchow-Hauses* 33 *(▸ F 2)*.

Rudolf Ludwig Karl Virchow wird am 13. Oktober 1821 in *Pommern* in kleinbürgerlichen Verhältnissen geboren. Er ist ein glänzender Schüler und wird nach dem Medizinstudium Arzt an der Berliner *Charité*, wo er die moderne Pathologie begründet. In seinen Forschungen weist er das Krankheitsbild der Thrombose nach, einer bis dahin wenig erforschten Krankheit. 1845 beschreibt Virchow erstmals das Krankheitsbild der Leukämie. Auf der Grundlage seiner Beobachtungen während einer Fleckfieberepidemie in Oberschlesien kommt er 1848 zu dem Ergebnis, dass Krankheiten mit erbärmlichen Lebensumständen zusammenhängen können. Armut macht krank und daran sind die Behörden schuld, ist seine unbequeme Erkenntnis, mit der er sich nicht nur Freunde macht. Er ist der erste Mediziner, der den Zusammenhang zwischen Armut und Krankheit feststellt und Demokratie als Medikament fordert. Dazu zählt er Selbstverwaltung, Trennung von Staat und Kirche, Verbesserung der Landwirtschaft, Übergang der Steuerlasten von den Armen auf die Reichen, den Bau von Straßen und die Gründung von Genossenschaften.

Während der Märzrevolution von 1848 geht er auf die Barrikaden und engagiert sich fortan politisch. Das bringt ihn in Schwierigkeiten, er muss Berlin verlassen. Mehrere Jahre verbringt er als Professor in *Würzburg,* wo er 1850 *Ferdinande Amalie Rosalie Mayer*, die Tochter des Geheimen Sanitätsrates *Karl Wilhelm Mayer*, heiratet; sechs Kinder gehen aus der Ehe hervor.

1856 kann Virchow zurück an die Berliner Universität und übernimmt das Ordinariat für Pathologie. Kurz darauf erscheint sein wissenschaftliches Hauptwerk »Die Cellularpathologie«, wonach alle Krankheiten letztlich auf Störungen der Körperzellen basieren. Damit wird Virchow weltberühmt, er ebnet der Pathologie und der medizinischen Forschung den Weg und verleiht Therapien eine neue Tragweite. »Vorbeugen ist besser als heilen«, ist ein typischer Virchow-Satz. Als er erkennt, dass er seine Ziele nicht allein als Arzt, Wissenschaftler oder Gesundheitsbeamter erreichen kann, engagiert er sich politisch und wird Mitglied und Abgeordneter der (liberalen) Deutschen Fortschrittspartei, später der Deutschen Freisinnigen Partei.

Mit Bismarck liefert er sich heftige Diskussionen. Streitpunkt ist der Staatshaushaltsplan, der für das Heer ein enormes Budget vorsieht. Dagegen halten die Liberalen eine Verbesserung der Infrastruktur des Landes für wichtiger. Der wirkliche Hintergrund der Auseinandersetzung sind jedoch die gegensätzlichen konservativen und liberalen Auffassungen. Virchow hat in einer

Rede die Politik des Ministerpräsidenten scharf kritisiert. Zudem bezweifelt er, dass Bismarck ein bestimmtes Schriftstück gelesen habe, beziehungsweise wisse, worum es darin geht. Bismarck empfindet das als Unverschämtheit und fordert Virchow einen Tag später zum Duell heraus. Das lehnt dieser als »nicht mehr zeitgemäß« entschieden ab.

VIRCHOW KÄMPFTE FÜR DIE KANALISATION

Virchows Kollege an der *Charité*, *Carl Ludwig Schleich*, schreibt über ihn: *»Er konnte sehr spitz, sehr scharf, sehr schneidend sein, im Kreise der Fachmänner wie im Parlament. Die beißende Ironie lag ihm näher als der Brustton der Überzeugung.«* Immer vehementer setzt er sich für den Bau von Krankenhäusern, Markthallen und einem hygienischen Schlachthof ein. Er plädiert zudem für die Erhebung von Gesundheitsdaten.

In der Diskussion um die hygienischen Missstände durch Abwasser spielt er eine führende Rolle. Nicht zuletzt auf seine Initiative hin wird die Kanalisation in der Hauptstadt eingeführt. Ein revolutionäres Unterfangen, mit dem den vielen Menschen, die Ende des 19. Jh. in die Stadt drängen, ein besseres Leben ermöglicht und die berühmte Berliner Luft verbessert wird.

Heutzutage beschwert man sich über die Abgase in der Luft, doch der Duft, der durch das Berlin Virchows gezogen sein muss, ist unvorstellbar. Es stinkt bestialisch. Die Abwässer schwimmen zusammen mit dem Regenwasser offen über die Rinnsteine der Stadt. Erst als Virchow mit anderen Hygieneexperten und dem Architekten *James Hobrecht* für die Einführung eines Abwassersystems sorgt, werden die hygienischen Verhältnisse deutlich verbessert und schlagartig verringert sich auch die Krankheits- und Sterberate. Virchow weiß, dass unreines Trinkwasser Seuchen wie Cholera und Typhus begünstigt. Die Stadt Berlin verwendet ein

Die Charité, Berlins bekanntestes Krankenhaus. Hier wirkte Virchow als Professor.

Drittel ihres Etats, um dieses wegweisende und zukunftsträchtige Projekt umzusetzen.

Virchow ist ein extrem fleißiger und fortschrittlicher Geist und auch auf anderen Gebieten aktiv: Anthropologie, Ethnologie und Archäologie interessieren ihn. Er ist Mitbegründer der »Berliner Anthropologischen Gesellschaft« und der »Deutschen Gesellschaft für Anthropologie, Ethnologie und Urgeschichte« und an der Gründung mehrerer Berliner Museen wie dem *Märkischen Museum* *(‣ K5)* und dem Völkerkundemuseum (heute Ethnologisches Museum) beteiligt. Und er ist ein Freund und Förderer des Troja-Entdeckers *Heinrich Schliemann*; durch Virchows Vermittlung kommt dessen trojanische Sammlung nach Berlin.

Virchow arbeitet als Medizinhistoriker und gibt als Publizist mehrere Zeitschriften heraus. Er setzt sich für eine medizinische Grundversorgung der Bevölkerung ein. Auf seine Initiative werden erste kommunale Krankenhäuser wie 1874 am *Friedrichshain*, 1875 in *Moabit* und 1890 *Am Urban* in Kreuzberg eingerichtet. Mit Parks und Kinderspielplätzen soll die Lage von sozial schwachen Berlinern verbessert werden.

Er setzt sich für kommunale Selbstverwaltung und für Minderheitenrechte ein, darunter für die zahlenmäßig starke polnische Volksgruppe in Preußen, und er bekämpft entschieden aufkommende antisemitische Tendenzen.

1901 feierte Virchow mit Medizinern von Rang und Namen seinen 80. Geburtstag. Er ist noch sehr rüstig und führt seine körperliche Form nicht zuletzt auf seine alljährliche Traubenkur in *Bad Dürkheim* in der Pfalz zurück. Ein Zeitzeuge beschreibt ihn so: *»Er ist unermüdlich und auch noch als Greis 16 Stunden am Tag so flink unterwegs, als hetze ihn der Weltgeist.«* Am 4. Januar 1902 hat er sich dann doch zu viel zugemutet. Auf dem Weg zu einem Vortrag springt Virchow aus der noch fahrenden Straßenbahn, stürzt und bricht sich den Oberschenkelhalsknochen. Von dieser Verletzung erholt er sich nicht mehr. Am 5. September 1902 stirbt Rudolf Virchow; er bekommt ein Ehrengrab auf dem *Alten St. Matthäus-Kirchhof* in Berlin Schöneberg.

OHNE VIRCHOW KEINE CHARITÉ?

Die Stadt Berlin nennt ihr damals größtes Krankenhaus, die *Charité*, zur Erinnerung an ihn »Virchow Klinikum«. Heute zählt die *Charité* zu den größten Universitätskliniken Europas. Hier forschen, behandeln und lehren Ärzte und Wissenschaftler auf internationalem Spitzenniveau. Über die Hälfte der deutschen Nobelpreisträger für Medizin und Physiologie – wie etwa Emil von Behring oder Robert Koch – arbeiteten in diesem Krankenhaus.

Seit über 100 Jahren gibt es an der *Charité* ein Museum. Es hieß zunächst »Pathologisches Museum« und wurde 1899 mit circa 23000 Präparaten eröffnet. Für das Museum, das heute *Medizinhistorisches Museum* 7 *(▸ F3)* heißt, hatte Virchow lange gekämpft. Er wollte Krankheitsverläufe sichtbar machen und verwirklichte dies auf 2000 Quadratmetern. In großen gläsernen Schauvitrinen wurde seine Sammlung damals bekannter Erkrankungsformen ausgestellt. Virchows Motto lautete: »Kein Tag ohne

Präparat«. Anlässlich seines 100. Todestages im Jahr 2002 widmete das Museum ihm eine eigene Ausstellung: »Virchows Zellen – Zeugnisse eines engagierten Gelehrtenlebens in Berlin«. Die Ausstellung betrachtet den Organismus als demokratischen Verbund gleichberechtigter Zellen mit unterschiedlichen Aufgaben und Fähigkeiten – eine Lehre, die große Teile der medizinischen Forschung noch heute bestimmt.

Zum anderen sind mit »Virchows Zellen« die verschiedenen wissenschaftlichen Sparten des unermüdlichen Forschers und Sammlers gemeint. Die Ausstellung machte deutlich, was Berlin auch heute noch Virchows multidisziplinären Interessen, seiner Initiative und seiner Sammelwut zu verdanken hat.

Der Forscher Virchow war bei all seinen Talenten kein Übermensch. Auch er irrte. Zwar fand er die bahnbrechende Evolutionstheorie von Darwin interesssant, lehnte sie aber ab. Der Irrtum eines Menschen, der viel wusste – und noch mehr wissen wollte.

BERLINER MEDIZINHISTORISCHES MUSEUM DER CHARITÉ 7 ▸ *F 3/4*
Charitéplatz 1, Mitte
▶ U- und S-Bahn: Hauptbahnhof

VIRCHOW-BÜSTE 32 ▸ *F 2*
Vor dem Pathologischen Institut der Charité, Mitte
▶ U- und S-Bahn: Hauptbahnhof

VIRCHOW-EHRENGRAB
Alter St. Matthäus-Kirchhof, Berlin-Schöneberg
Großgörschenstraße 12–14
▶ U- und S-Bahn: Yorckstraße

VIRCHOW-SKULPTUR AM LANGENBECK-VIRCHOW-HAUS 33 ▸ *F 2*
Luisenstraße 58/59, Mitte
▶ U- und S-Bahn: Hauptbahnhof

MAX LIEBERMANN

1847–1935

Er war Großbürger, Jude, Visionär und der größte Maler der Stadt – ein Familienschicksal, wie es nur in Berlin seinen Lauf nehmen konnte. Mit Abscheu und Sarkasmus sah er voraus, wie alles unterging …

Gute Stube Berlins« nennen die Berliner den *Pariser Platz* *(▸ F4)*. In der Tat hat das Ensemble im Herzen der Stadt mit dem *Brandenburger Tor*, dem Hotel Adlon, der *Akademie der Künste* 2 *(▸ F4)*, der *Botschaft der Vereinigten Staaten* sowie anderer Prachtbauten weltstädtisches Flair. Hier endet der Boulevard *Unter den Linden*; der Tiergarten und die *Straße des 17. Juni* nehmen ihren Anfang. Bis zur Maueröffnung 1989 verlief eine brutale Grenze direkt hinter dem Brandenburger Tor und trennte Ostdeutsche von Westdeutschen. Der Schauplatz eines Dramas namens Berlin, mittendrin der Maler Max Liebermann.

Er erlebte das Kaiserreich und die Weimarer Republik, den Ersten Weltkrieg und die goldenen Zwanziger der Stadt. Hier wurde er verehrt und geehrt bis kurz vor seinem Tod, als die Nazis die Macht übernommen hatten und er sich mit Abscheu äußerte: »Ick kann jar nich soville fressen, wie ick kotzen möchte.« Liebermanns unverblümte Berliner Schnauze zeigt sich besonders

Max Liebermann, der größte Maler Berlins, entstammte dem großbürgerlichen jüdischen Milieu. Hier ein Selbstbildnis von 1916.

deutlich in diesem Spruch vom 30. Januar 1933, der so treffend die sich abzeichnende Situation Berlins und die des Künstlers reflektiert. An diesem Tag zogen die Nationalsozialisten nach der Machtübertragung in einem Fackelzug durchs Brandenburger Tor an seinem Haus am *Pariser Platz* vorbei.

Max Liebermann, Spross einer wohlhabenden jüdischen und streng religiösen Kaufmannsfamilie, hatte fast sein ganzes Leben

Die Villa der Liebermanns am Wannsee ist heute ein Museum. Im Dritten Reich musste seine Witwe das Haus verkaufen.

hier verbracht. Bis zu seinem 80. Geburtstag stand er im Mittelpunkt des gesellschaftlichen Lebens. Dann zog er sich aus der Öffentlichkeit in sein geliebtes Haus am *Wannsee* zurück. Schließlich wurde er am 8. Februar 1935 mit 87 Jahren auf dem jüdischen Friedhof am Prenzlauer Berg zu Grabe getragen. Kein offizieller Vertreter der Stadt oder der *Akademie der Künste* 2 *(▸ F4)* traute sich, zu erscheinen, denn die Gestapo hatte die Teilnahme an Liebermanns Beerdigung untersagt. Nur 100 Freunde und Verwandte ließen es sich nicht nehmen, dem großen Maler die letzte Ehre zu erweisen.

Das Leben von Max Liebermann gibt Zeugnis über den Wandel der Stadt Berlin zur Metropole. Es ist exemplarisch für das Leben einer vermögenden und weit verzweigten jüdischen Familie, zu der bekannte Berliner Persönlichkeiten gehören: der Gründer der AEG, *Emil Rathenau*, der Chemiker *Carl Theodor*

Liebermann, der Außenminister *Walther Rathenau*, die Frauenrechtlerin *Josephine Levy-Rathenau*, der Urheber der preußischen Staatsverfassung *Hugo Preuß*.

Als Max Liebermann im Jahr 1847 als Sohn des Industriellen *Louis Liebermann* geboren wird, fahren die ersten Omnibus-Pferdelinien durch Berlin, vom Alexanderplatz 3 *(▸ K3)* in den Tiergarten. Liebermann lebt in der *Behrenstraße 48 (▸ G4)*, bis seine Eltern mit ihren vier Kindern an den *Pariser Platz* 20 *(▸ F4)* ziehen, Hausnummer 7, direkt neben dem Brandenburger Tor. Obwohl das Haus der Liebermanns viel Platz, große Salons und zahlreiche Schlafräume besaß, müssen die drei Söhne in einem gemeinsamen Zimmer schlafen. Von außen können die Eltern durch ein Glasfenster in der Wand die Schularbeiten beaufsichtigen.

Max geht nicht gern zur Schule, er ist ein Träumer, wird gehänselt und versucht, sich vor dem Unterricht zu drücken. Dafür haben seine großbürgerlichen Eltern nur wenig Verständnis, ebenso für seine zeichnerische Begabung und sein frühes Interesse an der Malerei. Bis dahin galt das Interesse der weitverzweigten Familie eher den Naturwissenschaften, der Wirtschaft, den Zahlen. Mit Licht, Farben, Menschen und Situationen, die das Kind faszinieren, hat sich bislang niemand auseinandergesetzt. Als Zwölfjähriger wird sein Talent von der Malerin *Antonie Volkmar* entdeckt und endlich bekommt er Malunterricht.

Obwohl die Familie nicht von den schulischen Leistungen ihres Sohnes begeistert ist und er sich selbst als schlechten Schüler einschätzt, macht er den vierten Platz in seinem Abiturjahrgang am traditionellen *Friedrichwerderschen Gymnasium*, wo auch die Söhne Bismarcks Schüler sind. Statt Chemie zu studieren, nutzt er die Vormittage lieber für Ausritte im Tiergarten, während er am Nachmittag zeichnet. Als er schließlich exmatrikuliert wird, kommt es zum Streit mit seinem Vater, aus dem der Junge als Sieger hervorgeht: Er darf die *Großherzoglich-Sächsische Kunstschule* in *Weimar* besuchen. Es folgen Studienjahre in *Düsseldorf, München, Paris, Holland* und *Belgien*.

Liebermann kehrt 1884 endgültig nach Berlin zurück. Mit 37 Jahren heiratet er *Martha Marckwald*, die schöne Schwester seiner Schwägerin, und zieht mit ihr an den nördlichen Rand des Tiergartens. Sie stammt ebenfalls aus einer wohlhabenden jüdischen Familie. Liebermann etabliert sich schnell in der Kunstszene Berlins: Er wird in den Verein Berliner Künstler aufgenommen und schließt sich mit Malern zusammen, die sich von der konservativen Malerei entfernen und die Secessionsbewegung gründen. Die Kunstkritiker betrachten die Entwicklung zunächst mit Skepsis, doch Liebermanns Stellung als führender Berliner Künstler macht ihm schon damals niemand streitig. Die erste Ausstellung der Secession im Mai 1899 wird zu einem europäischen Kunstereignis. Da ist Liebermann durch das Erbe seines Vaters bereits Millionär.

LIEBERMANN LEHNT DIE EXPRESSIONISTEN AB

Im Jahr 1907 widmet die Secession ihrem Präsidenten Liebermann eine große Geburtstagsausstellung, die erneut ein großer Besuchererfolg wird. Schließlich bricht zwischen Impressionisten und Expressionisten ein Generationenkonflikt aus, in dessen Zentrum *Emil Nolde* und Max Liebermann stehen. Nolde gründet die »Neue Secession«, in die Maler der Brücke und der Neuen Künstlervereinigung München eintreten. Max Liebermann tritt 1911 als Präsident zurück.

Sein Ruhm reicht inzwischen weit über die Grenzen Berlins hinaus. Die Kunsthochschulen in *Wien, Brüssel, Mailand* und *Stockholm* tragen ihm die Mitgliedschaft an, in Berlin wird er zum Ehrendoktor ernannt und an die *Akademie der Künste* 2 *(▸ F4)* berufen. *Theodor Fontane, Gerhart Hauptmann* oder *Wilhelm von*

Martha Liebermann, die Witwe des Künstlers, wurde von den Nazis in den Tod getrieben. Ein Stolperstein im Pflaster erinnert an sie.

Bode lassen sich von Liebermann porträtieren. Um 1914 ist er der unangefochtene Maler des Großbürgertums. Anfang des Ersten Weltkrieges beginnt Liebermanns Rückzug aus dem öffentlichen Leben. Er verlässt kaum noch seine Villa am *Wannsee*. Das Haus hat er sich 1909 nach den Vorbildern Hamburger Patriziervillen vom Architekten *Paul Otto August Baumgarten* bauen lassen.

Kurz nachdem in der *Nationalgalerie* (heute Alte Nationalgalerie *(▸ H 3)*) 1918 das Max-Liebermann-Kabinett feierlich eröffnet wird, streiken in Berlin 500 000 Arbeiter. Dann folgt die Novemberrevolution. In seinem Haus werden Maschinengewehre der Monarchisten installiert, Soldaten der Revolutionäre greifen sein Elternhaus an. 1920 wird Liebermann Präsident der Berliner *Akademie der Künste* 2 *(▸ F 4)*; er hilft Künstlern wie *Max Pechstein, Karl Hofer, Heinrich Zille, Otto Dix* und *Karl Schmidt-Rottluff* bei der Aufnahme.

1922 wird sein Cousin, der Reichsaußenminister Walther Rathenau, von rechtsradikalen Aktivisten ermordet; 1925 kommt sein jüngerer Bruder, der Geschichtsprofessor *Felix Liebermann*, bei einem Autounfall ums Leben. Dann stirbt auch sein Freund Hugo Preuß, der jüdische »Vater der Weimarer Verfassung« und erster Innenminister der Weimarer Republik.

Anlässlich seines 80. Geburtstages wird er 1927 noch einmal von den Medien und der Kunstwelt gefeiert. *Albert Einstein, Heinrich* und *Thomas Mann* oder *Hugo von Hofmannsthal* sind unter den Gratulanten. Berlin ehrt seinen großen Künstler mit einer Geburtstagsausstellung, auf der über 100 seiner Gemälde gezeigt werden. Die Stadt verleiht ihm die Ehrenbürgerwürde, Reichspräsident *Paul von Hindenburg* zeichnet Liebermann mit dem Adlerschild des Deutschen Reiches aus, Innenminister *Walter von Keudell* überreicht ihm die Goldene Staatsmedaille für Verdienste um den Staat.

DIE NAZIS TREIBEN SEINE WITWE IN DEN TOD

Im Mai 1933, am Tag nach der Bücherverbrennung am Bebelplatz **10** *(▸ H 4)*, legt Max Liebermann seine öffentlichen Ämter nieder. Er ist der Meinung: *»Kunst hat weder mit Politik noch mit Abstammung etwas zu tun.«* Von dieser neuen Welt will er nichts mehr wissen – und sie nichts von ihm. Am 8. Februar 1935 stirbt Max Liebermann in seinem Haus am *Pariser Platz*. Die Medien dürfen nicht berichten, auch die *Akademie der Künste* **2** *(▸ F 4)*, mittlerweile zu einem Instrument der Nazis geworden, lehnt jede Ehrung ihres Altpräsidenten ab.

Immerhin gelingt es seiner einzigen Tochter *Käthe*, dem Nazi-Terror zu entkommen. 1939 emigriert sie mit ihrer Familie in die USA. Doch ihre Mutter, die greise Liebermann-Witwe Martha, hat diesen lebensrettenden Absprung verpasst und sich zu spät entschlossen zu emigrieren. Als sie dann bereit ist, ihre Heimatstadt Berlin zu verlassen, wird sie von den Nazis schikaniert. Sie muss ihre Villa am *Wannsee* verkaufen; über die Verkaufssumme darf sie nicht verfügen. Obwohl sie bereits 85 und nach einem Schlaganfall ans Krankenbett gefesselt ist, bekommt sie am 5. März 1943 die Aufforderung, sich für eine Deportation in ein »Altenheim« nach *Theresienstadt* bereitzuhalten. Daraufhin nimmt die alte Dame eine Überdosis Veronal. Sie stirbt am 10. März 1943 im Jüdischen Krankenhaus von Berlin. Das von den Nazis geplünderte Palais der Familie Liebermann am *Pariser Platz* liegt bald darauf nach schweren Bombenangriffen in Trümmern.

Nach der Wiedervereinigung wird Max Liebermann neu entdeckt. Seine Villa am *Wannsee* wird als Gedenkstätte dem Publikum zugänglich gemacht und beherbergt heute ein Museum. Ganz in der Nähe jedoch, im Haus der Wannseekonferenz, wurde 1942 von den Verbrechern des NS-Regimes die sogenannte »Endlösung der Judenfrage« entschieden.

AKADEMIE DER KÜNSTE 2 ▸ *F4*
Pariser Platz, Mitte
www.adk.de
▶ U-Bahn: Brandenburger Tor

LIEBERMANN-FAMILIENGRAB
Jüdischer Friedhof
Schönhauser Allee, Prenzlauer Berg
▶ U-Bahn: Senefelderplatz

LIEBERMANN-PALAIS 20 ▸ *F4*
Pariser Platz 7, Mitte
▶ U-Bahn: Brandenburger Tor

LIEBERMANN-VILLA AM WANNSEE
Colomierstr. 3, Wannsee
▶ S-Bahn: Wannsee

HEINRICH ZILLE

1858–1929

Er kam von ganz unten und liebte die Menschen des »Milljöhs«. Und weil er sie so gut kannte, zeichnete er ihre Not, ihren Witz, ihren Trotz einmalig treffend. Bild für Bild »Berliner Schnauze«.

Da schaut ihm doch glatt eines seiner Modelle über die Schulter. Der junge Mann will wissen, was der Zeichner Heinrich Zille in seinem Skizzenblock festhält. »Pinselheinrich« wird Zille von den Berlinern liebevoll genannt. Er lebte bis 1929 mitten unter den Arbeitern und dem Proletariat in Berlins Mitte. Wenige Schritte vom *Märkischen Museum* *(▸K5)*, in dem viele Werke des Malers ausgestellt sind, um die Ecke im Köllnischen Park an der Spree, steht Heinrich Zille seit 1965 in Bronze gegossen. Der Bildhauer *Heinrich Drake* zeigt ihn bei seiner Arbeit. Mit einem Hut auf dem Kopf und dem gewohnten Zigarrenstummel im Mund. Er linst über den Brillenrand und skizziert eine Straßenszene in seinen Block. So entsteht eine weitere Momentaufnahme jenes Milieus, das Zille zeitlebens mit dem Zeichenstift festhielt wie mit einer Kamera: dem Berliner Proletariat.

Er war ein Mann des Volkes und mischte sich unter seine Mitmenschen, um das ihn umgebende trostlose Leben zu malen. Er

Heinrich Zille in seinem Atelier. Der Berliner Künstler wurde erst im Alter von 66 Jahren zum Professor ernannt.

sog es in sich auf und gab es detailliert in seinen Bildern wieder. In Altberlin fand er seine Typen, die ihm zu Freunden wurden. Die Männer, Frauen und Kinder der unteren Schicht lieferten ihm Motive für aufrichtige Bilder von ungeschminkter Erotik, für traurige Zeichnungen elender Hungergestalten, für Bilder voller Komik und zeitloser Gültigkeit. Mit Stift, Feder und Farbe nahm Heinrich Zille die sozialen Nöte seiner Zeit aufs Korn.

Das Zille-Stammlokal Zum Nussbaum im Nikolaiviertel hat sich bis heute seinen Altberliner Charakter bewahrt.

Heinrich Zille ist knapp 50, als er selbst seine Arbeit verliert. Nach 30 Jahren bei der Photographischen Gesellschaft, wo er als Reproduktionstechniker und dann als Leiter des phototechnischen Ateliers gearbeitet hat, muss er seine Familie als Freiberufler durchbringen. Er ist geschockt und empört, zugleich rückt seine künstlerische Tätigkeit nun in den Vordergrund und wird immer perfekter. Besonders seine Illustrationen werden veröffentlicht.

Den Berlinern gefallen der Humor und die Geschichten des »Milljöhs«. Und ihnen gefällt Zilles eigene Geschichte: ein Armeleutekind, das sich zum erfolgreichen Armeleutemaler hochgearbeitet hat. Einer von ihnen, der Hoffnung macht, in der großen Stadt Berlin nicht in der Gosse zu landen, sondern sich nach oben arbeiten zu können.

Neun Jahre alt ist der kleine Heinrich, als die Familie Zille im November 1867 aus Sachsen nach Berlin kommt, um sich hier ein neues Leben aufzubauen. Sie sind auf der Flucht vor Schuldeneintreibern, nachdem der Vater, ein Uhrmacher, schon mehrmals im Schuldgefängnis saß. Die Familie findet eine Bleibe in der *Andreasstraße* in der Nähe des Schlesischen Bahnhofs (heute Ostbahnhof), wo die ganz Armen leben. Die Tapeten lösen sich von den Wänden der Kellerwohnung, ein Strohballen dient als Bett, Wanzen laufen über den Boden.

Dieses Milieu, diese Eindrücke und Erinnerungen finden sich später in seinen Bildern wieder. Zille arbeitet in den unterschiedlichsten Betrieben: Er zeichnet Damenmoden und Muster für Beleuchtungskörper, Kitsch- und Werbemotive. Manchmal porträtiert er zu seinem Vergnügen oder gegen einen Obolus seine Arbeitskollegen. Am 1. Oktober 1877 wird er Geselle bei der »Photographischen Gesellschaft Berlin« am Dönhoffplatz. Hier werden Reproduktionen alter Meister, aber auch zeitgenössische Kunst vertrieben.

Um 1890 beginnt Zille seine Beobachtungen aus der Großstadt zu zeichnen. Seine Bilder werden in Zeitschriften wie »Simplicissimus« oder »Jugend« veröffentlicht und er gibt eigene Mappenwerke heraus. Zille wird populär, die Qualität seiner Werke bringt ihm gesellschaftliche Anerkennung. Vier Jahre vor seinem Tod wird er sogar in die *Akademie der Künste* 2 *(▸ F 4)* aufgenommen und erhält den Professorentitel.

Doch mit seiner Arbeit macht er sich nicht nur Freunde. *Kaiser Wilhelm II.* lehnt diese »Rinnsteinkunst« resolut ab; dazu rechnet er auch Künstler wie *Max Liebermann* oder *Käthe Kollwitz*, die sich in der »Berliner Secession« zusammenschließen. Sie malen das, was sie sehen und was sie bewegt, und nicht, was schön und pompös ist und vom wahren Leben in Berlin ablenkt.

Hinter dem »Pinselheinrich« versteckt sich freilich noch ein anderer, ein introvertierter Zille, den nur seine intimsten Freunde kennen und zu schätzen wissen. Käthe Kollwitz mag diesen Zille am liebsten: *»... es gibt noch einen dritten Zille. Der ist weder Humorist für Witzblätter noch Satiriker. Er ist restlos Künstler. Ein paar Linien, ein paar Striche, ein wenig Farbe mitunter – und es sind Meisterwerke.«*

1908 erscheint Zilles erstes Buch »Kinder der Straße«, 1912 folgen »Erholungsstunden« und »Berliner Luft«, 1914 schließlich die »Neuen Bilder aus dem Berliner Leben« unter dem Titel »Mein Milljöh«. Als der Erste Weltkrieg ausbricht, ist Zille berühmt. Seine Werke sind bedingungslos, robust und hemdsärmelig. Ob Frauen mit dicken Hintern oder Kinder mit durchlöcherten Hosen, ob Dirnen oder Waschfrauen: Sie werden von ihm skizziert und mit Berliner Schnauze kommentiert.

DER »RINNSTEIN-KÜNSTLER« WIRD PROFESSOR

Aber er malt auch Szenen im Biergarten, auf dem Rummelplatz, im Freibad oder am Wannsee. Er passt nicht wirklich dazu, doch ist meistens willkommen. Ebenso ist es in den Künstlerkreisen, in denen er zeitweilig verkehrt. Obwohl er 1924 Professor und Mitglied der Preußischen Akademie der Künste wird, berechnet er die Preise seiner Bilder auch weiterhin entsprechend dem Zeitaufwand und nicht gemäß seiner Bekanntheit.

Einen Tag, bevor Zille an der ersten Sitzung der Akademie der Künste teilnimmt, schreibt er: *»Morgen Akademie-Sitzung. Bin neugierig, ob die Leute ooch mit Wasser kochen.«* Der 67-Jährige muss als »jüngstes« Mitglied bei den Abstimmungen mit einem Kasten herumlaufen und die Stimmzettel einsammeln. Als er das eine Weile gemacht hat, meint er: *»Sagen Sie, meine Herren, muss ick als Stift nu ooch für die andern den Schnaps holen?«* Als zu seinem 70. Geburtstag im *Märkischen Museum* *(▸ K5)* eine große Ausstellung seiner Arbeiten vom Oberbürgermeister eröff-

Zeichnung eines Berliner Hinterhofs. Der Untertitel: »Wollt ihr von die Blume weg, spielt mit'n Müllkasten«.

net wird, platzt Zille mit der Bemerkung heraus: *»Hören Se man uff, Oberbürgermeisterken, mir kloppen Se uff die Schulter, um damit dem Volk zu imponieren.«*

Die meisten seiner Milieubeschreibungen und anekdotenhaften Bilder werden mit handgeschriebenen Untertiteln versehen. Die scheinbar leicht dahingeworfenen Milieustudien mit Texten im schnodderigen Berliner Dialekt ohne grammatikalische Genauigkeit werden zur Spezialität Zilles. Seine Bildunterschriften sind Kommentare, die in ironischer, manchmal sarkastisch-makabrer Weise den Blick in die Hinterhöfe und wilhelminischen Amtsstuben der Jahrhundertwende begleiten.

2008 wurde im *Nikolaiviertel* ein Steindenkmal *(▸ J/K 4)* von *Thorsten Stegmann* enthüllt. Es zeigt Zille im langen Mantel mit Schlapphut und Zigarrenstummel im Mundwinkel. In der Hand hält er eine Papierrolle mit der Aufschrift »Milljöh«. Klein und bescheiden steht er da, Touristen laufen manchmal an ihm vorbei und entdecken erst dann die Erinnerungstafel. Auch das *Zille-Museum* 35 *(▸ J 4)*, das einen Querschnitt durch das künstlerische Schaffen Heinrich Zilles zeigt, liegt gleich um die Ecke in der Probststraße 11. Neben originalen Zeichnungen, Skizzen und

Lithografien werden auch Bilder des Fotografen Heinrich Zille gezeigt. Und um die Ecke liegt sein altes Stammlokal *Zum Nussbaum* 36 *(▸ K4)*. Hier gingen er und andere Berliner Originale ein und aus. *»Im Nussbaum links vom Molkenmarcht, da hab' ick manche Nacht verschnarcht, da malt der Vater Zille! Die Jäste, die sind knille!«*, so sang *Claire Waldoff* für ihn in freundschaftlicher Verbundenheit. 1943 brannte die Gaststätte ab, inklusive einiger Bilder von Zille. Das Lokal im Nikolaiviertel ist ein originalgetreuer Nachbau des früheren Lokals, das Zilles Zuhause war.

Obwohl Zille sich zumeist in den Arbeitervierteln aufhielt, zog er 1892 seinem Arbeitgeber nach Charlottenburg nach, vier Treppen hoch in die *Sophie-Charlotten-Straße 88*, ans westliche Ende der Stadt. Auf der Gedenktafel ist zu lesen, dass hier der Schilderer des Berliner Volkslebens wohnte. Seit seiner Hochzeit 1883 mit der Lehrerstochter *Hulda Frieske* aus Fürstenwalde hatte er in *Lichtenberg* gelebt. Hier kamen auch die drei Kinder *Margarete, Hans* und *Walter* auf die Welt. Und erst im bürgerlichen Ambiente wurde Zille endgültig zum Berichterstatter für das Proletariat.

»BIN KRANK! BITTE KEINEN BESUCH!«

Heinrich Zille hat niemals seine Herkunft verleugnet. Er war sich selbst und seiner Klasse immer treu. Das äußerte sich in seiner persönlichen Haltung und war in vielen seiner Blätter offensichtlich. Dies war auch die Ursache für die große Zuneigung, die ihm das Volk entgegenbrachte. Mit seinen blauen Augen schaute er gütig in sein Milieu, doch sie konnten auch zornig blitzen, wenn er über eine Ungerechtigkeit sprach oder von einer hörte. Er sah die Dinge klar und nüchtern und versuchte zu helfen: *»Ich helfe soviel ich kann – Mund will essen! Und da helfe ich direkt in den Mund.«* Deswegen war er auch gegenüber Verlegern und

Zeitungsleuten, die ihm Geld schuldeten, sehr unnachgiebig: »Ich brauche das Geld für meine armen Leute.«

Nach dem Ersten Weltkrieg trafen Zille mehrere Schicksalsschläge: Er litt zunehmend an Gicht und Diabetes. Am 9. Juni 1919 starb seine Ehefrau Hulda mit nur 54 Jahren. Zille schwor sich, die Wohnung in der *Sophie-Charlotten-Straße 88*, die er mit seinem Familienglück verband, bis zu seinem Ende nicht aufzugeben: »Meine Wände sollen mein Heim sein bis ich sterbe.«

Im Februar 1929 erlitt Zille schließlich einen ersten, im Mai einen zweiten Schlaganfall. An die Wohnungstür hängte er eine Postkarte mit der zittrigen Aufschrift: »Bin krank. Bitte keinen Besuch.« Am Morgen des 9. August 1929 starb er. Auf dem *Südwestkirchhof* in Stahnsdorf wurde er begraben. Ein Schild und ein Stein weisen den Weg zu Zille. Auf dem Grab steht ein Findling mit einem kleinen, eingemeißelten Porträt des Künstlers mit der unverwechselbaren Knollennase und dem krausen Haar.

GEDENKTAFEL AM ZILLE-WOHNHAUS
Sophie-Charlotten-Straße 88, Charlottenburg/Wilmersdorf
▶ S-Bahn: Westend, U-Bahn: Sophie-Charlotte-Platz

ZILLE-EHRENGRAB
Südwestkirchhof Stahnsdorf
Bahnhofstraße, Stahnsdorf
▶ Bus: Bahnhofstr., Stahnsdorf, Fahrzeit ca. 70 Min.

ZILLE-MUSEUM 35 ▸ *J 4*
Propststraße 11, Nikolaiviertel
www.heinrich-zille-museum.de
▶ U-Bahn: Klosterstraße

ZUM NUSSBAUM 36 ▸ *K 4*
Am Nussbaum 3, Mitte
▶ U-Bahn: Klosterstraße

PAUL LINCKE

1866–1946

Er hatte Musik im Blut und liebte das Zackige: Wenn man so will, erfand er die Berliner Nationalhymne. Die Stadt bewegte sich im Takt seiner fast schon dadaistischen Gassenhauer.

Das ist die Berliner Luft, Luft, Luft, so mit ihrem holden Duft, Duft, Duft, wo nur selten was verpufft, pufft, pufft, in dem Duft, Duft, Duft dieser Luft, Luft, Luft. Ja, ja, ja: Das ist die Berliner Luft, Luft, Luft …«

Alljährlich wird das Saisonabschlusslied der Berliner Philharmoniker in der *Waldbühne* mit viel Schmiss und Tschingderassabum gespielt – als Höhepunkt des Konzerts. Der Text strotzt nicht gerade vor Witz und Originalität, dennoch wurde das Lied zur Hymne der Stadt Berlin. Jeder kennt es, kann es singen oder pfeifen. Wem die Berliner die eingängige Weise zu verdanken haben, wissen indes nur noch wenige: Der Komponist und Kapellmeister Paul Lincke hat sie 1899 geschrieben.

Er feierte nicht nur in seiner Geburts- und Heimatstadt, sondern auch weit über die Landesgrenzen hinaus mit seinen Kompositionen große Erfolge. Seine Lieder begeisterten alle; ob Konzertpublikum, Marktfrauen oder Zeitungsjungen, ob Proletarier oder Bourgeoisie – alle fanden die Ohrwürmer von Linke »dufte«:

Seine Ähnlichkeit mit Kaiser Wilhelm II. machte ihn auch außerhalb Deutschlands berühmt: der Komponist und Musiker Paul Lincke.

»Hinterm Ofen sitzt 'ne Maus«, »Schenk' mir doch ein kleines bisschen Liebe«, »Bis früh um fünfe, kleine Maus«, »Heimlich, still und leise kam die Liebe«, hießen seine Schlager und Gassenhauer.

Der Komponist und Kapellmeister Paul Lincke wird 1866 in Berlins Mitte geboren. Sein Vater ist Magistratsdiener und spielt als Geiger in kleinen Orchestern. Er vererbt seinem Sohn musikalisches Talent und praktischen Verstand. Der kleine Paul zeigt schon

Das Paul-Lincke-Ufer am Landwehrkanal in Kreuzberg ist heute ein lebhafter Ort mit Restaurants, Bars und Gartenlokalen.

früh Interesse an der Musik. Sobald er eine Militärkapelle auf der Straße hört, was damals häufig vorkommt, rennt er los und marschiert lächelnd nebenher. Mit dem Abschluss der Schule steht für ihn fest, was er werden will: Musiker, am liebsten Militärmusiker.

Sein Vater stirbt, als Paul gerade mal fünf Jahre alt ist, die Mutter zieht mit den drei Kindern nach Kreuzberg in die *Adalbertstraße*, später in die *Eisenbahnstraße*. Und Paul schickt sie tatsächlich zur Wittenberger Stadtmusikkapelle. Er wird als Fagottist ausgebildet und lernt Tenorhorn, Schlagzeug, Klavier und Geige. Da seine Körpermaße nicht den Vorschriften für Militärmusiker entsprechen, muss er sich woanders bewerben.

Am *Central-Theater* in der Alten Jakobstraße erhält er sein erstes Engagement als Fagottist, ein Jahr später wechselt er ins Orchester des *Ostend-Theaters* in der Großen Frankfurter Straße. Augenblicklich verliebt er sich in die 16-jährige Soubrette *Anna*

Müller, die er ein Jahr später heiratet. Schon mit 19 Jahren wird er Theaterkapellmeister und Musikverleger. Seine Frau wird später unter dem Namen Anna Müller-Lincke dem Berliner Publikum bekannt.

Am *Ostend-Theater* begegnet der junge Komponist auch seinem späteren Librettisten und Freund *Heinz Bolten-Baeckers*, der dort schauspielert. Die Freundschaft entwickelt sich für beide äußerst befruchtend. Gemeinsam denken sich die Männer immer wieder neue Lieder aus. Im November 1889 zum Beispiel springt Lincke mitten im Skatspiel plötzlich auf, eilt zum Zeitungsständer, reißt ein Stück vom Rand der »Berliner Abendpost« ab und schreibt Noten darauf. Bolten-Baeckers beobachtet ihn neugierig, lässt sich von Paul auf dem Kneipenklavier seinen Einfall vorspielen, reißt sich selbst ein Stück Zeitungsrand ab und schreibt den Text dazu: *»Ach Schaffner, lieber Schaffner, was haben Sie getan? Sie hab'n mich nach Berlin gebracht, ich sollt' nach Amsterdam!«* Den Schlager singt ein paar Wochen später ganz Berlin. Es wird ein weiterer Gassenhauer.

BERLIN MOCHTE ZACKIGE MÄRSCHE

Lincke und Bolten-Baeckers ersinnen zusammen spritzige, parodistische Operetten. Die »Venus auf Erden« ist die erste, die 1897 im *Apollo-Theater* aufgeführt wird. Später entsteht in nur drei Monaten die Operette »Frau Luna«, die am 1. Mai 1899 ihre erfolgreiche Premiere hat. Sie wird zum Vorbild für andere Berliner Operetten und gibt die Atmosphäre der Stadt wieder, den großmäuligen Jargon des kleinbürgerlichen »Milljöhs«.

Was Johann Strauss für die Wiener ist, wird Lincke für die Berliner, jedoch mit einem wesentlichen Unterschied: Die Wiener lieben den Walzer, die Berlin mögen es zackig. Polka und Märsche sind beliebt und bilden die Grundlage von Linckes Liedern.

Flott, schnittig, lebendig und schnell. Damit drückt Berlin Ende des 19. Jh. seine Lebensfreude und das Tempo der aufstrebenden Metropole aus. Lincke ist begeistert vom »Rixdorfer«, einer tschechischen Polka mit Berliner Text: *»In Rixdorf is' Musike, Musike, Musike, da tanz ick mit der Rieke, mit der Rieke aus Berlin.«* Seine ersten eigenen Schlager spielt er als Kapellmeister im *Schweizer Garten* im Friedrichshain. Er trägt einen hoch gebürsteten Bart und macht zackige Kopfbewegungen dazu, so dass er mit dem jungen Kaiser verglichen wird. Der Komponist legt großen Wert auf seine Erscheinung. Im Smoking, mit Zylinder und Lackschuhen, später auch mit funkelndem Brillantring am kleinen Finger, so tritt er auf.

SELBST DER KAISER LIEBT LINCKE

Trotz seiner Popularität in den unteren Bevölkerungsschichten, die ihn liebevoll »Papa Lincke« oder den »feinen Paule« nennen, pflegt er sein Image als elegantester Dirigent Berlins. Der Kaiser selbst ist ein Fan von Lincke und bestellt ihn eines Tages zur Begleitung des Sängers *Otto Reutter* ans Klavier. Es wird ein gelungener Abend und ab diesem Zeitpunkt grüßt der Kaiser den Kapellmeister, wenn er von seinen Paraden zurückkehrt und Lincke an seinem Wohnungsfenster in der *Friedrichstraße*, direkt neben dem Apollo-Varieté, erspäht.

1893 wird der feine Paul am *Ausstattungs- und Ballett-Theater Apollo* in der Friedrichstraße als Kapellmeister auf Probe angestellt. Durch sein musikalisches Temperament und sein Verständnis für die artistischen Darbietungen wird er bald Erster Kapellmeister. Besonders begeistert ihn die Tanz- und Unterhaltungsmusik. 1908 geht er ans *Metropol-Theater* (heute Admiralspalast **1** *(▸ G 4)*), das zu den Attraktionen der Reichshauptstadt gehört. Im *Apollo-Theater* findet 1921 die Premiere der »Frau

Die Paul-Lincke-Gedenktafel in der Oranienstraße 64 in Kreuzberg, eine der wenigen Berliner Stätten, die an den Musiker erinnern.

Luna« statt. Die Ähnlichkeit mit *Kaiser Wilhelm II.* und sein Können bringen Lincke ein Engagement in *Paris*. Dort lässt er sich an dem berühmtesten europäischen Varieté, den *Folies Bergère*, feiern. Von der Stadt und den Frauen ist er zwar begeistert, doch bald will er zurück an die Spree, vermutlich, weil es in Paris zu einem unangenehmen Vorfall kommt, der für Schlagzeilen in der Boulevardpresse sorgte. Linckes Interesse an den Damen von Paris führt dazu, dass seine eifersüchtige Angetraute aus Berlin eines Tages ohne Vorankündigung in einer Vorstellung erscheint. Sie schleicht sich zu ihrem Gatten ins Orchester, tippt ihm von hinten auf die befrackte Schulter und, als er sich erwartungsvoll umschaut, verpasst sie ihm coram publico eine Ohrfeige. Lincke verbeugt sich galant und setzt sein Dirigat einfach fort.

Zurück in Berlin wartet sein Librettist bereits mit neuen Ideen auf ihn. Die Vergnügungsindustrie der Stadt wächst und gedeiht. Witzige und schmissige Stoffe sind beliebt. Seine größten Schlager werden »Donnerwetter, Donnerwetter, wir sind Kerle« und »Glühwürmchen glimmre«, mit dem er sogar in Amerika berühmt wird und das ihm dazu noch ein Vermögen einbringt.

Privat ändert sich Paul Linckes Leben, als er 1901 *Ellen Sousa* kennenlernt. Für ihn ist es Liebe auf den ersten Blick. Doch sie lässt ihn eine Weile zappeln, bis beide nach einigen Wochen des Werbens eine leidenschaftliche Beziehung beginnen. Sousa zieht in seine Wohnung in der *Oranienstraße 64* *(▸ K6/7)* ein. Lincke kann ihr keinen Wunsch abschlagen und lässt sie die »Frau Luna« im *Apollo-Theater* singen. Publikum und Presse sind gleichermaßen begeistert, und sie will schnell wieder auf die Bühne. Zuerst einmal bringt sie allerdings 1902 einen Sohn zur Welt. Lincke verlangt, dass sie sich fortan nur noch ihren Mutterpflichten widmet. Doch Ellen Sousa hat ihren eigenen Kopf und steht bald wieder auf der Bühne. Daraufhin macht Lincke ihr einen Heiratsantrag, allerdings mit der Auflage, die Bühne für immer zu verlassen, während er ständig unterwegs ist und die Abende in illustren Runden verbringt. Er gibt ihr zehn Tage Bedenkzeit und verabschiedet sich zu einem Gastspiel, zuvor lässt er sie wissen, er wolle sie und das Kind nicht mehr sehen, falls sie sich gegen ihn entscheiden würde. Als Lincke zurückkehrt, sind Sousa und das Kind ausgezogen.

AUSGEBOMBT UND VERGESSEN

Zeitlebens bekam Paul Lincke viele offizielle Ehrungen. Im Dritten Reich wurde er zum Professor und Ehrenbürger von Berlin ernannt, bekam die Goethemedaille und einen goldenen Taktstock mit Brillanten, überreicht von Propagandaminister *Joseph Goebbels*, was Lincke bei den Berlinern nicht gerade beliebter machte. 1943 wurden seine Wohnung und sein Verlag in der Berliner *Oranienstraße* ausgebombt. Lincke befand sich zu dieser Zeit auf einer Konzertreise. Nach Kriegsende versuchte er vergebens, die Zuzugsgenehmigung der Alliierten nach Berlin zu bekommen. Mit Hilfe des US-Generals *Pierce* zog er schließlich ins oberfränkische *Arzberg* und dann aus gesundheitlichen Gründen nach *Hahnenklee* im Harz. Kurz vor seinem 80. Geburtstag starb er und wurde im Harz beigesetzt. Nach Berlin kam er nie zurück.

Obwohl Lincke gebürtiger Berliner war und im Gegensatz zu anderen Berliner Originalen wie Claire Waldoff oder Heinrich Zille mit echtem Spreewasser getauft wurde, finden sich nur wenige Erinnerungen an ihn in der Stadt. Lediglich das *Paul-Lincke-Ufer* in Kreuzberg ist nach ihm benannt. Die Straße verläuft parallel zum Landwehrkanal, flankiert von Cafés, Lokalen und kleinen Biergärten. In der *Oranienstraße 64* in Kreuzberg, wo er viele Jahre lebte, hängt eine Gedenktafel 21 *(▸ K 6/7)* ihm zu Ehren. Aber sein Schlager »Das ist die Berliner Luft« wird ihn für immer vor dem Vergessen bewahren.

Wenn das Publikum nicht wollte, schrieb Paul Lincke einmal, könnten tausend Kapellen täglich das gleiche Lied spielen – es würde nie ein Schlager daraus werden. Bei ihm wollte das Publikum.

ADMIRALSPALAST (EHEMALS METROPOL-THEATER)
1 ▸ *G 4*
Friedrichstraße 101-102, Mitte
▶ U- und S-Bahn: Friedrichstraße

LINCKE-GEDENKTAFEL 21 ▸ *K 6/7*
Oranienstraße 64, Kreuzberg
▶ U-Bahn: Moritzplatz

PAUL-LINCKE-UFER
Kreuzberg
▶ U-Bahn: Schönleinstraße

KÄTHE KOLLWITZ

1867–1945

Die sensible Künstlerin sah genau hin und stellte Berlins Schattenseiten dar. Die Eindringlichkeit ihrer Bilder und Skulpturen ist zeitlos erschütternd. Am Ende zerbrach sie an der Tragödie dieser Stadt.

Kollbäck, Kollberg, Kollwitz. Kollwitz-Apotheke und -Buchladen, Kollwitz 66 oder Kollwitz 71: Kollwitz ist modern, steht für Trendviertel, für Szene-Lokale und -Läden, einen besonderen Stil und moderne Menschen schlechthin. Kollwitz – das besondere Lebensgefühl. Hier zieht es Berliner und Touristen gleichermaßen hin. Der Kollwitz-Kiez ist das Zentrum des Prenzlauer Bergs und erfreut sich seit Jahren großer Beliebtheit.

Warum eigentlich? An der Namensgeberin kann es nicht liegen: Käthe Kollwitz ist kein Synonym für das schicke Leben, vielmehr galt ihr Herz und ihre Kunst den Armen, den Unterdrückten, dem Berliner Proletariat. Wer weiß, ob ihr das Hier und Heute gefallen würde, dieser unbeirrbaren Frau. Würde sie heute am Kollwitzplatz leben, wären die Gesichter auf ihren Bildern wohl kaum ausgemergelt und von Hunger und Armut gezeichnet, sondern gebräunt, gesund und zuweilen von jener Wohlstandsweichheit, in der Härte und Arroganz besonders auffällig wirken.

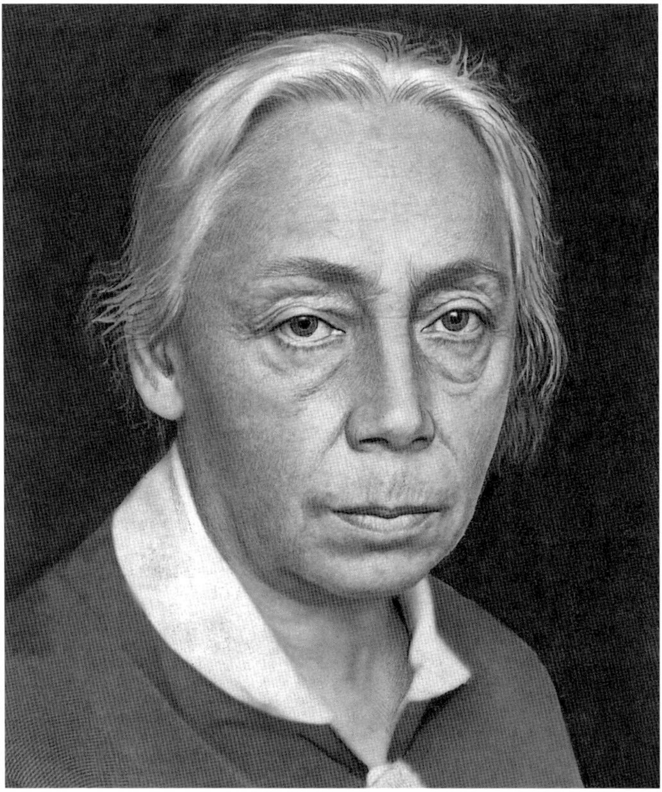

Den Verlust ihres Sohnes überwindet sie nie. Das um 1930 entstandene Foto zeigt Käthe Kollwitz als eine vom Schicksal gezeichnete Frau.

Dennoch ist Käthe Kollwitz die zentrale Figur des Viertels. Sie sitzt mitten auf dem Kollwitzplatz. Der Bildhauer *Gustav Seitz* schuf ihr zu Ehren eine Bronzefigur, die auf dem Platz schräg gegenüber ihrem ehemaligen Wohnhaus steht. Für die Plastik wählte er Selbstbildnisse als Vorlage. Ernst, mit hängenden Schultern und nachdenklichem Blick, beobachtet sie ihre Umgebung. So hat sie es immer getan: Die Inspirationen für ihre Bilder, Grafi-

Käthe Kollwitz, die künstlerische Dokumentarin des Berliner Elends, als Denkmal am Prenzlauer Berg. Schick ist es hier inzwischen geworden.

ken, Radierungen und Plastiken sammelte sie hier. Sie schaute sich die Menschen an, die hier lebten. Jetzt lässt sie es zu, dass die Kinder über ihren Schoß klettern. Die überlebensgroße Figur mit dem herben Gesicht strahlt Ruhe, Güte und ein wenig Traurigkeit aus.

Die 1867 in *Königsberg* geborene Malerin, Bildhauerin und Grafikerin Käthe Kollwitz lebte mehr als 50 Jahre lang am *Wörther Platz*, der heute Kollwitzplatz heißt. 1884 kam sie zum ersten Mal in die pulsierende Großstadt Berlin. Sie studierte an der Schule des Malers und Bildhauers *Karl Staufer-Bern*; es folgten Aufenthalte in *München* und erneut in Königsberg, bis sie 1891 endgültig an den Prenzlauer Berg zog. Sie heiratete den Arzt *Karl Kollwitz*, einen Freund ihres Bruders *Konrad*, der wie sie aus Königsberg in Ostpreußen kam.

Sie zogen in den Berliner Arbeiterbezirk in ein Eckhaus. Eine schlichte Wohnung, unten die Praxis, dahinter ein kleines Atelier für sie. Über 50 Jahre sollte es den Ansprüchen des Ehepaares genügen. Die Patienten, die hier ein und aus gingen, waren Arbeiter oder Arbeitslose. Karl Kollwitz praktizierte als Allgemeinmediziner, als ein Arzt der Bedürftigen. Er war nach dem frühen Tod seiner Eltern in einem Waisenhaus aufgewachsen und schon früh mit der Armut in Berührung gekommen. Trotzdem konnte er das Gymnasium beenden und Medizin studieren. Unabhängig von seiner Frau genoss er als Hausarzt und Gesundheitserzieher hohes Ansehen. Und er gründete 1913 den Sozialdemokratischen Ärzteverein, war Mitglied des Jugendfürsorgeausschusses im Stadtteil Prenzlauer Berg und in der Deutschen Liga für Menschenrechte.

DER KAISER VERWEIGERT EINE KOLLWITZ-EHRUNG

1890 begann Käthe Kollwitz mit ersten Radierungen. Mit 25 bekam sie ihren Sohn *Hans*, der wie sein Vater Mediziner wurde. Im selben Jahr sah sie die Uraufführung von *Gerhart Hauptmanns* »Die Weber«, die sie so beeindruckte, dass sie die grafische Folge »Ein Weberaufstand« anfertigte. 1896 wurde ihr zweiter Sohn *Peter* geboren. Zwei Jahre später hatte sie ihren ersten Erfolg: Ihr »Weberaufstand« wurde in der Großen Berliner Kunstausstellung gezeigt. Der Maler *Adolph Menzel* war so beeindruckt, dass er die junge Künstlerin für die kleine goldene Medaille vorschlug, was jedoch *Kaiser Wilhelm II.* barsch ablehnte. Er hielt ihre sozialkritischen Arbeiten, wie die von Heinrich Zille, für »Rinnsteinkunst«, denn die Kollwitz-Bilder standen in krassem Widerspruch zur großbürgerlichen Salonmalerei. Immerhin brachte ihr die »Rinnsteinkunst« eine Berufung als Lehrerin an der Damenakademie des Vereins Berliner Künstlerinnen, wo sie Grafik und Zeichnen unterrichtete.

Daneben hatte sie ihren Haushalt, zwei Söhne und einen Mann, der sich ganz seiner Praxis widmete. Er konnte sie auch nicht begleiten, als sie 1907 für ein Jahr zu einem Studienaufenthalt nach *Florenz* ging. Dort vollendete sie den Zyklus »Bauernkrieg«, es folgten die Zeichnungen »Bilder vom Elend«, die im »Simplicissimus« veröffentlicht wurden, und Plakatentwürfe wie »Spielen im Hof verboten«. 1910 begann sie mit der Bildhauerei, in einem Stil, der dem von *Ernst Barlach*, einem befreundeten Bildhauerkollegen, verwandt ist.

Heute steht vor dem Bezirksamt Pankow die Kollwitz-Plastik »Die Mutter«. Die Figur aus Muschelkalk zeigt eine unbekleidete, auf dem Boden kauernde Frau, die zwei nackte Kinder beschützend umfasst. Die Plastik trägt die Inschrift: *»Die Mutter will ihre Kinder retten. Wohin? Wovor? Dunkel drohen Brand und Mord ...«* Wahrscheinlich hat Käthe Kollwitz mit diesem Kunstwerk von 1937 ein Trauma verarbeitet, das sie viele Jahre zuvor nach dem Beginn des Ersten Weltkriegs erlitten hatte. Der ältere Sohn Hans wurde eingezogen, der jüngere, Peter, an dem die Mutter besonders hing, meldete sich Anfang Oktober 1914 als Freiwilliger. Nach gerade mal zwei Tagen Fronteinsatz in Flandern fiel der 18-Jährige, der auch Maler werden wollte. 18 Jahre später hatte Käthe Kollwitz ihr Denkmal vollendet, die Plastik »Die Eltern«; sie wurde auf dem belgischen Soldatenfriedhof *Vladslo* aufgestellt: zwei kniende Gestalten, eine stumme Anklage gegen den Krieg.

Ein weiteres Werk, das an ihren Sohn Peter erinnert, ist die berühmte Pietà »Mutter und Sohn«. Käthe Kollwitz fertigte sie 1937. Das Original steht im *Kollwitz-Museum*. Auf Anregung des damaligen Kanzlers Helmut Kohl wurde von *Harald Haacke* eine um das Vierfache auf 1,6 Meter vergrößerte Replik im Schinkel-Gebäude *Neue Wache* 25 *(▸ H 4)* aufgestellt und zur »Zentralen Gedenkstätte der Bundesrepublik Deutschland« für die Opfer beider Weltkriege und des Nationalsozialismus ernannt. Die Mutter hält in ihren Armen ihr Kind, das gekrümmt auf ihrem Schoß liegt.

Das Kollwitz-Museum in Charlottenburg – eine Gegend, die die Künstlerin weniger interessiert haben dürfte.

Die Zeit nach dem Tod ihres Sohnes gilt als die künstlerisch fruchtbarste Zeit der Kollwitz. Zu ihrem 50. Geburtstag veranstaltet die Künstlerorganisation Berliner Secession 1917 eine Jubiläumsausstellung für sie. Sie engagiert sich immer stärker gegen den Krieg, wird in die *Akademie der Künste* **2** *(▸ F4)* aufgenommen und ist die erste Frau, die dort mit einem Lehramt betraut wird. 1919 ernennt man sie zur Professorin, Käthe Kollwitz ist als erste Frau Mitglied der Preußischen *Akademie der Künste*. 1928 übernimmt sie die Leitung des Meisterateliers für Graphik an der Akademie.

Fünf Jahre später, nach der Machtergreifung der Nationalsozialisten, wird sie dieses Amtes wieder enthoben, man legt ihr nahe, die Akademie zu verlassen. Käthe Kollwitz ist den Nazis ein Dorn im Auge, auch weil sie den »dringenden Appell« zum Aufbau einer Arbeiterfront gegen den Nationalsozialismus unterzeichnet hat. Drei Jahre später werden ihre Exponate aus der Berliner Akademieausstellung entfernt, was einem Ausstellungsverbot gleichkommt. Wegen ihres sozialkritischen und pazifistischen Engagements 1933 von den Nationalsozialisten aus der *Akademie* 2 *(▸ F 4)* ausgeschlossen und als »entartet« diffamiert, leben Käthe Kollwitz und ihr Mann in großer Angst; sie werden von der Gestapo verhört und drangsaliert. 1936 äußert sich Kollwitz gegenüber einer russischen Zeitung über ihre Arbeitsprobleme.

VON DEN NAZIS BEDROHT UND ISOLIERT

Kurze Zeit später steht die Gestapo vor ihrer Tür und verhört sie. Die Männer erklären ihr, dass so ein Verhalten mit Konzentrationslager bestraft werden könne. Die verzweifelte Kollwitz schreibt bruchstückhaft in ihr Tagebuch: *»Wir fassen den Entschluss, dem Konzentrationslager, wenn es unvermeidlich scheint, durch Selbstmord uns zu entziehen. Freilich diesen Entschluss vorher die Gestapo wissen zu lassen, Vorstellung, dass sie dann vom Konzentrationslager absehen werden.«*

Im November 1936 ist Käthe Kollwitz auf der Jubiläumsausstellung der Berliner Bildhauer mit zwei Arbeiten vertreten. Noch vor der Eröffnung werden ihre beiden Werke, eines heißt »Mutter«, auf Anordnung des Reichsministers *Bernhard Rust* entfernt. Begründung: Eine deutsche Mutter habe positiver und optimistischer auszusehen. Käthe Kollwitz leidet unter der Isolierung und der zunehmenden Stille um sie: *»Es hat mir fast niemand etwas dazu zu sagen. Ich dachte, die Leute würden kommen, mindestens schreiben – nein. So etwas von Stille um mich.«*

1940 verliert sie ihren Mann, der ihr ein ruhiger, Kraft spendender Begleiter war. Käthe Kollwitz wird des Lebens müde, Gebrechen machen sich bemerkbar, die Nächte im Luftschutzkeller hinterlassen ihre Spuren. Dennoch klagt sie nicht: *»Es ist in der Ordnung, dass der Mensch auf seine Höhe kommt und dass* *er wieder absteigt. Da ist nichts zu murren.«* 1942 fällt auch ihr Enkelsohn *Peter* an der Ostfront in Russland. 1943 holt die junge Bildhauerin *Margarete Böning* sie nach *Nordhausen* in den Harz, im selben Jahr wird ihre Berliner Wohnung durch Bomben völlig zerstört. *»Ich denke so viel an das, was ich verloren habe, eine mehr als fünfzigjährige Heimat«*, schreibt sie in ihr Tagebuch.

Sie stirbt am 22. April 1945 in *Moritzburg* bei Dresden. Ihre letzte Ruhe findet sie neben ihrem Mann im Familiengrab auf dem *Zentralfriedhof Friedrichsfelde*, wo auch ihr Bruder *Konrad Schmidt* und dessen Frau *Anna* beigesetzt wurden. Das Grab ziert ein Stein mit einem Motiv von Käthe Kollwitz: eine Mutter, die ihre überdimensional großen Hände über die Toten ausbreitet.

BERLINER KUPFERSTICHKABINETT 6 ▸ *D6*
(eine der größten Kollwitz-Sammlungen)
Matthäikirchplatz, Tiergarten
www.smb.museum/kk
▶ U- und S-Bahn: Potsdamer Platz

GRAB VON KARL UND KÄTHE KOLLWITZ
Zentralfriedhof Friedrichsfelde
Gudrunstraße, Friedrichsfelde
▶ Bus: Zentralfriedhof

KOLLWITZ-SKULPTUR
Kollwitzplatz, Prenzlauer Berg
▶ U-Bahn: Senefelderplatz, Tram: Knaackstraße, Marienburger Straße

KOLLWITZ-MUSEUM
Fasanenstraße 24, Charlottenburg
www.kaethe-kollwitz.de
▶ U-Bahn: Uhlandstraße, Kurfürstendamm

NEUE WACHE MIT KOLLWITZ-PIETÀ 25 ▸ *H4*
Unter den Linden, Mitte
▶ U-Bahn: Französische Straße, Hausvogteiplatz

ROSA LUXEMBURG

1871–1919

Sie kam aus Polen und war promovierte Juristin. Sie wurde Kommunistin und Revolutionärin. Das machte sie zum Staatsfeind, der aus dem Weg musste. Der Mord an ihr wirkt bis heute in Berlin nach.

»*Ich fühle mich in der ganzen Welt zu Hause, wo es Wolken und Vögel und Menschentränen gibt*«, hat Rosa Luxemburg einst erklärt. Berlin wurde ein Zuhause, das ihr mit Hass begegnete, das sie das Leben kostete. Eine kleine, rhetorisch sehr starke Frau mit Hochfrisur, die leicht hinkt, wird vom offiziellen Berlin der preußischen Staatsräson wahrgenommen wie eine Ausgeburt der Hölle. Es gab jede Menge Wolken über Berlin und jede Menge Menschentränen, weshalb sich Rosa Luxemburg nicht beirren ließ.

Irritierend ist nur, dass selbst viele Jahrzehnte nach ihrem Tod, dieses Opfer eines politischen Mordes weiterhin unter Verdacht steht und auf jene diffuse Ablehnung stößt, die schon Ursache des Motivs ihrer Mörder war. Über Denkmäler, die oft beschmiert werden, oder Erinnerungstafeln, die ihre Person und ihr Leben betreffen, gibt es immer wieder Streit. Eine Gedenktafel für Rosa Luxemburg an der *Mannheimer Straße 27* in Wilmersdorf muss in den Gehweg eingelassen werden, weil es zu einer Auseinander-

Die aus Polen stammende Rosa Luxemburg schrieb in Berlin das Programm der Kommunistischen Partei Deutschlands (KPD).

setzung um die Anbringung an der Mauer gekommen war. Ein Luxemburg-Denkmal war sogar Bestandteil von Koalitionsverhandlungen. Selbst die autoritär-kommunistische DDR hatte ihre Probleme mit Rosa Luxemburg und ihrem Gedanken: »Freiheit ist immer die Freiheit der Andersdenkenden.«

Ihr genaues Geburtsdatum ist nicht bekannt, angenommen jedoch wird der 5. März 1871. Fest steht, dass sie in *Zamość*, im

Ihre Ideen sind nicht vergessen: Hier bei einem Treffen von alten und jungen Sozialisten bei einer Rosa-Luxemburg-Konferenz.

Südosten Polens, in der Nähe der Stadt Lublin geboren wurde. Ihr Vater war ein jüdischer Holzhändler. 1873 siedelte die Familie in eine Mietwohnung nach *Warschau* um. Damals hieß Rosa noch Rosalia Luxenburg – der Name Luxemburg entstand später durch einen behördlichen Fehler und sie behielt ihn bei – und besuchte das Mädchengymnasium. Ihre Schulleistungen sind ausgezeichnet. Schon früh begann die sensible und hochintelligente junge Frau, die von Geburt an eine leichte Behinderung hat, ihre Mitarbeit in revolutionären Gruppen. Seit 1886 engagierte sie sich in der polnischen Arbeiterpartei »Proletariat«, einer marxistischen Untergrundbewegung.

1888 wird ihre Mitgliedschaft im »Proletariat« bekannt, sie muss mit Hilfe eines Pfarrers über die polnisch-deutsche Grenze fliehen. Dem Geistlichen hat sie erklärt, dass sie sich im Ausland taufen lassen wolle und ihre Eltern ihr das verboten hätten. Wahr daran ist, dass ihr das Christentum tatsächlich vertraut und ihre Familie schon seit längerer Zeit assimiliert ist. Dem Judentum steht sie kritisch, bisweilen sogar ablehnend gegenüber, den Zionismus macht sie lächerlich. Zum Ende ihres Lebens hin bezeichnet sie sich selbst als konfessionslos.

Nach ihrer Flucht zieht Rosa Luxemburg nach *Zürich*. In der Schweiz gibt es keine zahlenmäßige Beschränkung für jüdische Schüler und Studenten, seit langem dürfen hier auch Frauen studieren. Sie schließt ihr Studium an der juristischen Fakultät ab und wird mit dem Thema »Polens industrielle Entwicklung« mit magna cum laude zum Dr. jur. promoviert.

1893 gründet sie gemeinsam mit *Leo Jogiches* und *Julian Balthasar Marchlewski* die »Sozialdemokratie des Königreiches Polen« als revolutionäre Alternative zur bestehenden »Polnischen Sozialistischen Partei«. Ihrer Überzeugung nach sollte in ganz Europa gegen die Monarchie und den Kapitalismus gekämpft werden, nur so könnten die Völker zur Selbstbestimmung gelangen.

Um die deutsche Staatsbürgerschaft zu erlangen, geht sie 1898 eine Scheinehe mit dem Schreinereimaschinisten *Gustav Lübeck* ein und kann so nach Deutschland einreisen. Sie zieht nach Berlin und tritt in die SPD ein, die zu diesem Zeitpunkt als die fortschrittlichste sozialistische Partei Europas gilt. Rosa Luxemburg zählt zum linken, revolutionären Flügel und erwirbt sich den Ruf einer besonders kämpferischen Rednerin.

SIE SEHNT SICH NACH LIEBE UND EINEM KIND

Ihr erstes Zimmer in Berlin befindet sich im Bezirk Tiergarten, in der *Cuxhavener Straße 2* – das Haus existiert nicht mehr. Sie vermisst die schweizerische Gemütlichkeit, vor allem aber vermisst sie den Mann, mit dem sie seit einigen Jahren eine Beziehung führt: Leo Jogiches, ebenfalls Revolutionär, und aus Vilnius in Litauen stammend. Sie sind ein Liebespaar und gleichzeitig politische Partner. Mit ihm möchte sie leben, als Mann und Frau für jedermann sichtbar, sogar von einem Kind spricht sie. Aber die Beziehung ist kompliziert, 1907 trennen sich die beiden endgültig. 1902 ist Rosa Luxemburg in die *Cranachstraße 58* in Friedenau umgezogen.

Die Gedenktafel kann man leicht übersehen. Sie wurde nicht am Haus angebracht – die Besitzer hatten es untersagt –, sondern befindet sich in einem Gartengrundstück direkt dem Haus gegenüber. Obwohl Friedenau eine eher ungewöhnliche Adresse für jemanden ist, der sich revolutionären Zielen verschrieben hat und für die Arbeiter kämpft, hat sie sich für diese Umgebung entschieden, um Ruhe zum Schreiben zu finden. *»Trotz ihrer revolutionären Ideen hatte sie Sehnsucht nach einem bürgerlichen Leben«*, sagt Petra Zwaka, Leiterin des Schöneberg-Museums. In dem Haus in Friedenau mit der rot-weißen Backsteinfassade hatte Rosa Luxemburg eine Wohnung mit zwei Wohn- und Arbeitszimmern, eines war wohl Leo Jogiches zugedacht. 1911 zog sie weiter stadtauswärts nach Südende in die *Lindenstraße 2*, heute Biberacher Weg.

IMMER WIEDER MUSS SIE INS GEFÄNGNIS

1904 wird sie das erste Mal wegen Majestätsbeleidigung zu drei Monaten Gefängnis verurteilt. Sie hatte öffentlich über Kaiser Wilhelm II. gesagt: *»Der Mann, der von der guten und gesicherten Existenz der deutschen Arbeiter spricht, hat keine Ahnung von den Tatsachen.«* Immer wieder wird Rosa Luxemburg von nun an Wochen und Monate in verschiedenen Gefängnissen verbringen: Im März 1906 in *Warschau*, weil sie die sozialistische Partei zur Beteiligung an der russischen Revolution animieren will, im Dezember desselben Jahres für zwei Monate in *Weimar*, wegen »Anreizung zum Klassenhass«. Anfang 1916 ist sie im »König-

Das Rosa-Luxemburg-Relief am Landwehrkanal, entworfen von Ralf Schüler und Ursulina Schüler-Witte, erinnert an ihre Ermordung.

lich-Preußischen Weibergefängnis« in der *Barnimstraße* inhaftiert. Nachdem die Gebäude 1977 abgerissen worden waren, hatte man vor einer Schule in der Nachbarschaft in der Weinstraße eine Gedenkstele aufgestellt, die an Gefängnisgitter erinnert. Die Inschrift: *»Hier stand das Frauengefängnis, in dem Rosa Luxemburg wegen ihrer revolutionären Gesinnung inhaftiert war.«*

Trotz der vielen Gefängnisaufenthalte zeugen zahlreiche Briefe, die sie an enge Freunde wie *Luise Kautsky*, *Clara* und *Kostja Zetkin* – Kostja ist Clara Zetkins Sohn, mit dem sie über mehrere Jahre eine Liebesbeziehung hat – schreibt, von der Kraft und unerschütterlichen Beharrlichkeit, mit der Rosa Luxemburg für ihre Überzeugungen einsteht.

Sie ist streng gegenüber Freunden und Mitstreitern, wenn diese ihrer Meinung nach nicht kämpferisch genug agieren. Sie hat aber auch einen ausgeprägten Sinn für die Schönheit der Natur.

Selbst aus ihrer Zelle oder von Gefängnishöfen aus beobachtet sie Vögel und Insekten und skizziert Pflanzen.

Rosa Luxemburg setzt sich dafür ein, dass die europäischen Arbeiterparteien im Falle eines Krieges den Generalstreik ausrufen, und organisiert Demonstrationen. Als Anfang August 1914 über die Aufnahme von Kriegskrediten votiert wird, stimmt die SPD-Fraktion mit den monarchistischen und bürgerlichen Parteien. Daraufhin gründet Rosa Luxemburg mit anderen Parteilinken die »Gruppe Internationale«, zu auch *Karl Liebknecht* stößt. Daraus geht die »Spartakusgruppe« hervor.

Am 1. Januar 1919 bildet sich aus Spartakisten und anderen linkssozialistischen Gruppen die »Kommunistische Partei Deutschlands« (KPD), deren Programm Rosa Luxemburg verfasst. Mitte Januar kommt es zwischen Arbeitern, revolutionären Kräften und Reichswehr zu Auseinandersetzungen, bei denen über 150 Menschen sterben. Die Kommunisten werden für die Unruhen verantwortlich gemacht. Rosa Luxemburg wird mit Karl Liebknecht und *Wilhelm Pieck* in der Wohnung eines Freundes in der Mannheimer Straße 27 aufgespürt und verhaftet. Sie werden getrennt voneinander ins Hotel Eden gebracht. Hier hat Hauptmann *Waldemar Pabst* sein Stabsquartier aufgeschlagen.

ERST SCHLÄGE, DANN EIN SCHUSS IN DEN KOPF

Nach einer Vernehmung, während der es zu Misshandlungen kommt, befiehlt Pabst, Dr. Rosa Luxemburg und Dr. Karl Liebknecht ins Gefängnis nach *Moabit* zu überführen. Während Karl Liebknecht schon weggebracht wird, näht Rosa Luxemburg noch den Saum ihres Rockes, der bei der Festnahme gerissen war. Kurz vor Mitternacht wird auch sie abgeführt und sobald sie im Freien ist, mit Gewehrkolbenschlägen gegen den Kopf traktiert. Daraufhin wird die schwer verletzte Frau im Auto abtransportiert, auf der Fahrt erschossen und ihr Körper an der *Lichtensteinbrücke* im Landwehrkanal 23 *(▸ A 5/6)* versenkt. Erst Monate später wird am 1. Juni die Leiche des »Adlers der Revolution«, wie die unerschrockene Kämpferin von Lenin genannt worden war, in einer Schleuse angeschwemmt. Sie wird auf dem *Zentralfriedhof Friedrichsfelde* in Lichtenberg neben Opfern des Spartakusaufstandes und dem ebenfalls ermordeten Karl Liebknecht beigesetzt.

Durch Spenden finanziert wird an dieser Stelle 1926 das von Mies van der Rohe gestaltete Revolutionsdenkmal enthüllt, das 1935 von den Nationalsozialisten zerstört wird, ebenso wie 1941 die Gräber von Rosa Luxemburg und Karl Liebknecht eingeebnet und zur Neubelegung freigegeben werden. Erst 1983 wird nach einem Entwurf des Architekten Günter Stahn am Standort des Revolutionsdenkmals von 1926 ein Erinnerungsmal errichtet. Der Bildhauer *Gerhard Thieme* gestaltet die Bronzeplatte, die als Relief das ursprüngliche Bauwerk wiedergibt. Unterhalb der Lichtensteinbrücke ragt eine schräg ins Wasser stürzende, gusseiserne Platte 23 *(▸ A 5/6)* hervor. Damit wird die Stelle bezeichnet, an der die tote Rosa Luxemburg in den Kanal geworfen wurde.

DENKMAL AM ROSA-LUXEMBURG-PLATZ 27 ▸ *K 2*
Mitte
▶ U-Bahn: Rosa-Luxemburg-Platz

LUXEMBURG-GEDENKTAFEL
Cranachstrasse 58, Friedenau
▶ S-Bahn: Friedenau

LUXEMBURG-GEDENKSTÄTTE LANDWEHRKANAL 23 ▸ *A 5/6*
(unterhalb der Lichtensteinbrücke)
Katharina-Heinroth-Ufer, Tiergarten
▶ U-und S-Bahn: Zoologischer Garten

MAX REINHARDT

1873–1943

Er kam aus Wien und wurde zum Tausendsassa der Berliner Theaterlandschaft. Er war Schauspieler, Regisseur, Intendant, Gründer und Entdecker. Ein Magier hinter der Bühne und im wahren Leben.

»Um zehn Uhr dreht sich bei Reinhardt der Wald«, lautete ein geflügeltes Wort im Berlin Anfang des 20. Jh. Damit war die Bühne im *Theater am Schiffbauerdamm* – heute *Berliner Ensemble* 5 *(▸ G 3)* – gemeint, die sich unter der Regie von Max Reinhardt zum ersten Mal in Bewegung setzte. Seine Inszenierung des »Sommernachtstraums« wurde ein sensationeller Erfolg. Die Drehbühne verhalf dem Stück zu bisher ungekannter Lebendigkeit und neuer Beweglichkeit im wahrsten Sinne des Wortes. Eine Attraktion in der Welt des Theaters. »Reklamowitz-Klimbinski« nannte ihn brüskiert der Theaterkritiker *Alfred Kerr* wegen seiner Kreativität und Umtriebigkeit. Heute steht eine Büste des Theaterregisseurs Max Reinhardt vor dem *Deutschen Theater* 11 *(▸ F 2)* in der Schumannstraße 13 in Mitte, wo er jahrelang als Direktor arbeitete. Von hier aus begann er, die gesamte Theaterlandschaft Berlins umzukrempeln und neue Aufführungsarten zu schaffen. An 13 Bühnen wirkte er nacheinander, nebeneinander und zeitweilig gleichzeitig.

Ein Jugendbild des österreichischen Schauspielers und Regisseurs Max Reinhardt, der eigentlich Goldmann heißt. 1894 kommt er nach Berlin.

Der am 9. September 1873 in *Baden* bei Wien geborene Maximilian Goldmann macht zunächst eine Banklehre, bevor er seine Karriere als Schauspieler startet – unter dem Künstlernamen Reinhardt. Sein Debüt gibt er in *Salzburg*, von wo ihn 1894 der Berliner Theater-Tycoon *Otto Brahm* ans *Deutsche Theater* holt, das heute wieder zu den besten deutschsprachigen Bühnen zählt. Der junge Reinhardt zieht in eine Wohnung in der *Friedrichstraße 134* *(▸F 3)*,

1928: Uraufführung der »Dreigroschenoper« im Theater am Schiffbauerdamm, ein Stück von Bertolt Brecht mit der Musik von Kurt Weill.

gleich um die Ecke der heutigen Reinhardtstraße. Von der deutschen Hauptstadt ist er auf Anhieb begeistert: *»Berlin ist eine wahrhaft herrliche Stadt – Wien mehr als 10mal multipliziert. Echt weltstädtisches Gepräge, immenser Verkehr durchgehends der Zug ins Großartige und dabei praktisch und gediegen«*, schreibt er nach seiner Ankunft. Obwohl Reinhardt als Darsteller Erfolg hat, lässt seine Begeisterung für die Schauspielerei schnell nach.

Er hat eigene Pläne: Eine Versuchsbühne geistert durch seinen Kopf. Reinhardt gründet 1898 die Secessionsbühne und 1900 ein Kabarett, das von den Berlinern »Überbrettl« genannt wird. Gleich der erste Abend im *Künstlerhaus* am *Potsdamer Platz* wird ein Erfolg. Die Nachfrage des Publikums ist so groß, dass er schon bald nach einer größeren Bühne sucht. *Unter den Linden 44* entdeckt Reinhardt einen Festsaal, den er von dem Architekten *Peter Behrens* umbauen lässt und kurze Zeit später eröffnet. Am 25. September 1902 steht zum ersten Mal der Name Max Reinhardt im Programmheft, übrigens auch eine Erfindung des Österreichers.

Außergewöhnlich ist auch Reinhardts Arbeit mit den Schauspielern, er *»bleibt offen für alles, schon um dem Schauspieler den weitesten Spielraum zu geben und ihm Lust … zu machen. Denn dann wird er am besten sein. Kritik ist eine gefährliche, oft tödliche Waffe. Brahm hatte fast immer recht. Er war der beste, fast unfehlbare Kritiker. Aber er deprimierte«* – so beschreibt Reinhardt seine Arbeitsweise.

Er entdeckt seine Schauspieler, holt sich die begabtesten und fördert sie. »Reinhardt-Schauspieler« zu sein, wird zur besten Empfehlung. Mit der Übernahme des *Deutschen Theaters* 11 *(▸ F 2)* gründet er ein Schauspielinstitut. In Berlin gibt es heute noch zwei Schulen, die sich auf das Vorbild von Reinhardt berufen: die Hochschule für Schauspielkunst Ernst Busch Berlin (HFS) in Niederschöneweide und die Max-Reinhardt-Schule für Schauspiel.

REINHARDT INSZENIERT WIE MANISCH

Reinhardt bespielt Berlin wie keiner vor oder nach ihm: 1905 lässt er das *Embergsche Tanzlokal* in der Schumannstraße 14 zu den Kammerspielen umbauen. Im Zirkus Schumann beginnt er 1910 mit »König Ödipus« seine »Arenaspiele«, es folgen Gastspiele in vielen europäischen Metropolen. Nach dem Ersten Weltkrieg lässt er den Zirkus zum Großen Schauspielhaus (heute *Friedrichstadt-Palast (▸ G 2)*) umbauen, ihm schwebt Unterhaltung für ein Massenpublikum vor.

Heute führt die Reinhardtstraße zwischen Schiffbauerdamm und Friedrichstraße, den wichtigsten Straßen im Berliner Leben Reinhardts, direkt auf den *Friedrichstadt-Palast* zu. Das Revuetheater gehört zu den größten in Europa und dank seiner Bühnentechnik auch zu den modernsten. Früher stand das Theater etwa

200 Meter weiter, gleich beim *Berliner Ensemble* 5 *(▸ G3)*, wo heute eine Baulücke klafft. Hier hat sich inzwischen *Bertolt Brecht* – in Bronze gegossen – auf einer Bank niedergelassen *(▸ G3)*. Das Gebäude war als Markthalle geplant, die allerdings pleite ging. Drei Zirkusse richteten sich ab 1873 in der Halle ein. 1919 kam Max Reinhardt auf die Idee, in dem riesigen Gebäude seine monumentalen Theaterinszenierungen einem Massenpublikum zugänglich zu machen und bezog den *Friedrichstadt-Palast* 15 *(▸ G2)*.

Seine Inszenierungen zeichneten sich durch ein großes Aufgebot an Statisten und eine neue Bühnentechnik aus. Nach der Ära Reinhardt in Berlin traten hier in den 20er-Jahren Marlene Dietrich oder die Comedian Harmonists auf. 1980 wurde das alte Gebäude abgerissen, der *Friedrichstadt-Palast* zog an die Friedrichstraße. 1984 wurde der Neue Friedrichstadt-Palast als letzter großer Prachtbau der schon maroden DDR eröffnet.

1920 übergibt Reinhardt die Direktion seiner Berliner Häuser an *Felix Hollaender*, der *Josephine Baker* nach Berlin holt. Für vier Jahre geht er nach Wien, dann inszeniert er wieder am *Deutschen Theater* 11 *(▸ G3)* und lässt die *Komödie am Kurfürstendamm* umbauen. Alle Reinhardt-Bühnen wurden als Unternehmen nach wirtschaftlichen Maßstäben wie eine AG geführt. Dafür sorgte sein Bruder *Edmund Reinhardt*, der die kaufmännische Leitung hatte.

Der Tod des Bruders, am 18. Juli 1929, bedeutete für Reinhardt persönlich und beruflich den schwersten Schlag seines Lebens. Seine wichtigste Stütze war weggebrochen. Neben Edmund gehörten auch andere Geschwister Reinhardts in unterschiedlichen Funktionen zum Ensemble. Er ernährte sie und ihre Familien, bis er selbst ins Exil ging. Reinhardt begeisterte sich aber nicht nur für Theater, sondern auch für Pantomime und Ballett und schließlich für den Stummfilm. 1913 dreht er »Die Insel der Seligen«, Anfang der 20er-Jahre gründet er die »Max Reinhardt-

Theaterlandschaft für einen genialen Dramatiker: das Berliner Ensemble mit Bertolt-Brecht-Denkmal.

Filmgesellschaft«. Ab 1918 verändert sich seine Situation durch die politische Entwicklung. Junge Regisseure wie der geniale Bertolt Brecht (1898-1956) oder *Erwin Piscator* werden auch im Theater politisch, was Reinhardt überhaupt nicht gefällt. Er bereitet seinen Rückzug aus Berlin vor. Wirtschaftliche Misserfolge und zunehmende Konkurrenz durch die Filmindustrie führen ihn schließlich zum Entschluss, die Direktion seiner Berliner Theater niederzulegen.

1924 gründet er noch die *Komödie am Kurfürstendamm* und engagiert Brecht und *Carl Zuckmayer* als Dramaturgen für das *Deutsche Theater*. Nach der Machtübernahme der Nationalsozialisten, die dem Juden Reinhardt zunächst eine »Ehren-Arierschaft« andienen wollen, verlagert er seine Arbeit nach Österreich und schließlich in die USA. 1937 emigriert Max Reinhardt mit seiner zweiten Frau, *Helene Thimig* aus der berühmten Wiener Schauspielerdynastie Thimig, nach Amerika, 1940 wird er US-Bürger. Doch Reinhardt wird in Amerika nicht glücklich. In einem Brief an die Hitler-Regierung schreibt er: *»Der Entschluss, mich endgültig vom Deutschen Theater zu lösen, fällt mir naturgemäß nicht leicht. Ich verliere mit diesem Besitz nicht nur die Frucht einer 37-jährigen*

Tätigkeit, ich verliere vielmehr den Boden, den ich ein Leben lang gebaut habe und in dem ich selbst gewachsen bin. Ich verliere meine Heimat.«

Auch seine wirtschaftliche Lage wird immer schwieriger. Bertolt Brecht, der 1940 ebenfalls nach Kalifornien emigriert war, notiert 1942: *»... zum Lunch bei Max Reinhardt mit Feuchtwanger. Er residiert in einer großen Villa am Meer ... der alte Zauberer, klein, fest auf seinen Beinen stehend, abgeblasst wie eine mit dem Löschblatt behandelte Tuschzeichnung ... Die Thimig, ein müder abgearbeiteter Todesengel.«* Brecht weiß nicht, dass Reinhardt bereits auf Kredit lebt und innerlich resigniert hat.

BERTOLT BRECHT TRITT SEIN ERBE AN

Wenige Tage später reist Reinhardt nach New York, macht sich auf die Suche nach neuen Inszenierungen und nimmt die Ehrungen anlässlich seines 70. Geburtstages entgegen. Zwei Wochen später erleidet er einen Schlaganfall, danach folgen weitere, ausgelöst durch einen Hundebiss. Am 31. Oktober 1943 stirbt er.

»Ich glaube an die Unsterblichkeit des Theaters. Es ist der seligste Schlupfwinkel für diejenigen, die ihre Kindheit heimlich in die Tasche gesteckt und sich damit auf und davon gemacht haben, um bis an ihr Lebensende weiterzuspielen.« Mit diesem Zitat von Max Reinhardt identifiziert sich noch heute das *Berliner Ensemble* **5** *(▸ G 3)* im Theater am Schiffbauerdamm, das 1925 mit der Uraufführung der »Dreigroschenoper« von Bertolt Brecht und Kurt Weill den größten Erfolg der 20er-Jahre hatte.

Ab 1949 leitet Brecht mit seiner Frau *Helene Weigel* das *Berliner Ensemble*. Brecht inszeniert nur noch ein eigenes Stück, »Der kaukasische Kreidekreis», bevor er am 14. August 1956 stirbt. Danach leitet Helene Weigel 15 Jahre das *Berliner Ensemble* bis zu ihrem Tod 1971.

Max Reinhardt galt schon zu Lebzeiten als Mythos. Widersprüche lebten in ihm. Er war Schauspieler, Regisseur, Intendant und Theatergründer in einer Person. Er war ruhelos und getrieben von Illusionen. Er krempelte die Theaterlandschaft in Berlin um und war seiner Zeit lange voraus. Zum Schluss suchte er neue Möglichkeiten und Geldgeber, doch er fand keine mehr.

»Heute muss man die Wirklichkeit unwirklich machen, um sie ertragen zu können, denn wie kann man sprechen in einer Welt, in der keiner mehr lacht, es sei denn über den Jammer eines Anderen, in der keiner mehr weint, es sei denn über das eigene Unglück«, schreibt er in einem seiner letzten Briefe verbittert.

Er kehrte nicht in seine Heimat und auch nicht nach Berlin zurück, sondern wurde in *New York* begraben.

BERLINER ENSEMBLE 5 ▸ *G3*
(Theater am Schiffbauerdamm)
Bertolt-Brecht-Platz, Mitte
www.berliner-ensemble.de
▶ U- und S-Bahn: Friedrichstraße

DEUTSCHES THEATER BERLIN 11 ▸ *F2*
Schumannstr. 13, Mitte
www.deutschestheater.de
▶ U- und S-Bahn: Friedrichstraße

FRIEDRICHSTADT-PALAST 15 ▸ *G2*
Friedrichstr. 107, Mitte
www.show-palace.eu
▶ U-Bahn: Oranienburger Tor

KOMÖDIE AM KURFÜRSTENDAMM
Kurfürstendamm 206–209, Charlottenburg
www.theater-am-kurfuerstendamm.de
▶ U-Bahn: Uhlandstraße, Kurfürstendamm

ALFRED DÖBLIN

1878–1957

Der Sohn eines jüdischen Schneiders wird Nervenarzt – und schreibt den genialen Großstadtroman »Berlin Alexanderplatz«. Ein Sittengemälde, dem man noch heute auf Schritt und Tritt begegnen kann.

Neben dem Kino Kosmos in der Karl-Marx-Allee befand sich bis zum Juli 2010 eine Bronzebüste des Schriftstellers Alfred Döblin. 18 Jahre lang stand dort auf einem Sockel aus Sandstein ein schmaler Kopf mit auffallend großer Nase, sauber gescheitelt, das charakteristische Lächeln, die Brille des stark kurzsichtigen Döblin nur angedeutet. Hier in der ehemaligen *Frankfurter Allee 340* hatte Alfred Döblin über 20 Jahre mit seiner Familie gelebt, hier hatte er seine Kassenpraxis als Facharzt für Innere- und Nervenkrankheiten betrieben.

Beim Verschwinden der Büste handelt es sich höchstwahrscheinlich nicht um einen Kunstraub. Vielmehr nimmt die Polizei an, dass die Diebe lediglich am Metall interessiert waren. 3,45 Euro war in etwa der Preis für ein Kilo Bronze zum Zeitpunkt des Diebstahls, macht circa 100 Euro Materialwert. Es liegt also nahe, dass der Diebstahl von jemandem begangen wurde, der genau aus jenen Kreisen stammt, die Alfred Döblin in seinem Roman »Berlin Alexanderplatz« so meisterhaft beschreibt. Dem

Nervenarzt, Schriftsteller und ein präziser Beobachter: Alfred Döblin gilt als der Schöpfer des modernen Großstadtromans.

Milieu der Gauner, Diebe, Hehler, der Unterwelt am Rand der Gesellschaft.

Es gibt noch einen anderen Ort in Berlin, der jedem sofort einfällt, wenn er den Namen Alfred Döblin hört, der seinem bis heute unübertroffenen deutschen Großstadtroman den Namen gab: der *Alexanderplatz* 3 *(▸ K3)*. Bis heute ist es nicht so recht gelungen, dem Platz im Herzen von Berlin das Aussehen zu geben,

Berlin, Alexanderplatz vor dem Ersten Weltkrieg – der Schauplatz von Alfred Döblins gleichnamigem Roman (Foto von 1903).

das ihm seiner Bedeutung nach zustände. Schon früh hat sich hier ein Viehmarkt befunden, der dem Platz zu Beginn des 18. Jh. den Namen »Ochsenmarkt« oder »Ochsenplatz« gab. Später nannte man ihn »Paradeplatz«, weil hier Exerzierübungen der Streitkräfte stattfanden. Als im Frühjahr 1805 der russische *Zar Alexander* auf Staatsbesuch in Berlin weilt, bekommt der »Alex«, wie er von den Berlinern genannt wird, seinen heutigen Namen.

Bis heute gehört der Alexanderplatz trotz seines uneinheitlichen Aussehens zu den wichtigsten Orten der Stadt. Schon von weitem ist er auszumachen, denn der Berliner Fernsehturm *(▸K3)* überragt die Stadt; jedes Jahr zieht er rund eine Million Besucher an. Er wurde am 7. Oktober 1969, dem Jahrestag der DDR-Gründung, eröffnet und sollte von der »Sieghaftigkeit des Sozialismus« künden. Mit 368 Metern ist der »Telespargel« immer noch das höchste Bauwerk Deutschlands.

Alfred Döblin hat sich das Gewimmel und Durcheinander, das chaotische Leben in der Großstadt und die Schicksale des Einzelnen ganz genau angesehen. Er selbst kam im Alter von zehn Jahren nach Berlin. Geboren wurde er im August 1878 in *Stettin* als Sohn des jüdischen Schneidermeisters *Max Döblin* und seiner Frau *Sophie*. Als der Vater die Familie im Stich lässt und mit seiner jungen Geliebten nach Amerika auswandert, zieht die Mutter mit ihren fünf Kindern nach Berlin. Der junge Döblin ist begeistert von der Großstadt. Seine Ankunft in Berlin bezeichnet er als seine zweite Geburt. »Berlin ist das Benzin, mit dem mein Motor läuft«, bekennt er. Er liebt das Tempo und die Unruhe in der aufstrebenden Millionenstadt.

DÖBLIN WIRD ARZT – UM ZU SCHREIBEN

Nach seiner Schulzeit studiert er Medizin und arbeitet als Nervenarzt in psychiatrischen Kliniken, auch in der städtischen Irrenanstalt in *Berlin-Buch*, in die sein berühmter Romanheld eingeliefert wird: *»Als er zwei Tage die Nahrung verweigert hat, fährt man ihn nach Buch hinaus, in die Irrenanstalt, auf das feste Haus. Das ist in jedem Fall richtig, denn beobachtet muß der Mensch sowieso werden. Sie haben den Franz erst in den Wachsaal gesteckt, weil er immer splitternackt dalag und sich nicht hat zugedeckt, sogar das Hemd riß er immer ab, das war das einzige Lebenszeichen, das Franz Biberkopf einige Wochen gab.«*

Döblin ist von Unruhe gequält, die ihren Ursprung auch im Antisemitismus haben mag, der ihm an Schule und Universität begegnet. Mit *Frieda Kunke*, einer Krankenschwester, verbindet ihn über einige Jahre eine Liebesbeziehung. 1911, als sie den Sohn *Bodo* zur Welt bringt, verlässt Döblin sie. Das Kind wächst bei der Großmutter auf; Frieda stirbt 1918 an Tuberkulose. 1911 macht sich Döblin mit einer Praxis in Kreuzberg selbstständig. Ein Jahr später heiratet er die Medizinstudentin *Erna Reiss*, die aus begütertem Hause stammt. Aus der Ehe gehen vier Söhne hervor. Er schließt einen Vertrag mit dem S. Fischer Verlag und beginnt mit der Arbeit an seinem Roman »Wallenstein«. Wie andere Literaten und Künstler ist er häufig im *Romanischen Café* am Kurfürstendamm in Charlottenburg zu Gast. Hier trifft Döblin den Kunstkritiker und Herausgeber der Literaturzeitschrift »Der Sturm« *Herwarth Walden* und seine Frau, die Dichterin *Else Lasker-Schüler*. Er diskutiert mit dem Schriftsteller *Erich Mühsam*, dem Kunsthändler *Paul Cassirer* und seiner Gattin, der Schauspielerin *Tilla Durieux*. Als 1933 viele Stammgäste die Stadt nach und nach verlassen müssen, ist das auch das Ende des Künstlerlokals.

Seine Arbeit als Schriftsteller verhilft Döblin zwar zu Ansehen sowie zur Aufnahme in die Akademie der Künste und in den Schutzverband deutscher Schriftsteller, doch seine Familie kann er damit nicht ernähren. So behält er die Arztpraxis im heutigen Friedrichshain, die ihm zudem zu Schreibstoff verhilft: Bei Dr. Döblin gehen die einfachen Leute ein und aus, die in seinen Romanen wieder auftauchen.

Als der Erste Weltkrieg ausbricht, jubelt er wie die meisten deutschen Schriftsteller. Er meldet sich freiwillig und dient als Militärarzt. Seine anfängliche Euphorie verkehrt sich schnell ins Gegenteil, Döblin wird zum überzeugten Pazifisten. Der Weimarer Republik steht er ablehnend gegenüber, für eine Zeit lang legt er alle seine Hoffnungen in den Sozialismus. Aber auch das ist nicht von Dauer. Seine Urteile fällt er schnell, um einige Tage später das Entgegengesetzte zu behaupten. Er besitzt ein eigenartiges Geschick, überall anzuecken: *»Ich bin im Begriffe, mich selbst ad absurdum zu führen; ich säge alle Äste unter mir ab.«*

Der Roman »Berlin Alexanderplatz«, der im Jahr 1929 erscheint, ist der mit Abstand größte Erfolg Döblins. Das Buch

Der heutige Alexanderplatz mit dem Fernsehturm. Die DDR hat hier eine gewaltige gesichtslose Leere geschaffen.

wird in viele Sprachen übersetzt und bereits 1931 das erste Mal mit *Heinrich George* in der Hauptrolle verfilmt. In das Buch lässt Döblin all das einfließen, was er persönlich kennt. Er will die Literatur dem Leben unterwerfen, nichts soll künstlich sein. Sein Großstadtgemälde setzt sich wie eine Collage zusammen: Aus Plakatwänden, Zeitungsreklamen, Firmenprospekten, Anzeigen, Wetterberichten, Gerichtsverhandlungen, dem, was einem tagtäglich ins Auge springt, lässt er die Welt entstehen, in der Franz Biberkopf vom Leben doch »mehr als ein Butterbrot« verlangt, was ihm aber so gar nicht gelingt.

Am *Alexanderplatz* 3 *(▸ K3)* tauchen an einer Häuserfassade Zitate Döblins auf: Im ehemaligen „Haus der Elektroindustrie“, das ursprünglich abgerissen werden sollte, ist heute neben Banken, Versicherungen und Läden das Umweltministerium untergebracht. Die Fassade wurde von *Sergei Tchoban* neu gestaltet. Dazu verwendete der aus Russland stammende Architekt Texte aus dem Roman: *»... am Alexanderplatz reißen sie den Damm auf für die Untergrundbahn. Man geht auf Brettern. Die Elektrischen fahren über den Platz die Alexanderstraße herauf durch die Münzstraße zum Rosenthaler Tor. Rechts und links sind Straßen. In den Straßen steht Haus bei Haus. Die sind vom Keller bis zum Boden mit Menschen voll. Unten sind die Läden. Destillen, Restaurationen, Obst- und Gemüsehandel, Kolonialwaren und Feinkost, Fuhrgeschäft, Dekorationsmalerei, Anfertigung von Damenkonfektion, Mehl und Mühlenfabrikate, Autogarage, Feuersozietät. Wiedersehen auf dem Alex, Hundekälte. Nächstes Jahr, 1929, wird's noch kälter.«*

Durch den Erfolg des Buchs kann sich die Familie Döblin eine Wohnung in Charlottenburg leisten und zieht 1931 an den *Kaiserdamm 28* (eine Gedenktafel befindet sich am Haus). Nach dem Reichstagsbrand flieht er mit seiner Frau Erna und dem jüngsten Sohn *Stefan* über die Schweiz nach Frankreich und 1940 nach Amerika. Ein Jahr lang arbeitet Döblin für eine Filmgesellschaft an Drehbüchern mit, die Familie ist jedoch auf Unterstützung verschiedener Organisationen angewiesen.

DÖBLIN WIRD KATHOLISCHER CHRIST

Das Einleben in der neuen Umgebung fällt den Döblins schwer, sie fühlen sich isoliert wie viele andere Exilanten. Am Ende seien nur *Herbert Marcuse* und *Heinrich Mann* der Familie nahe gewesen, erzählt sein Sohn Stefan Jahre später. 1941 konvertiert Döblin zum katholischen Glauben. Er hat sich seit langem dafür interessiert, besonders faszinieren ihn die Rituale dieser Kirche. Schon 1912 war er aus der jüdischen Gemeinde ausgetreten. Seine Konversion verheimlicht er, weil sonst die finanzielle Unterstützung von jüdischen Hilfsorganisationen ausgeblieben wäre. Alfred Döblin ist im November 1945 einer der ersten Exilschriftsteller, die nach Deutschland zurückkehren. In *Baden-Baden* ist er zunächst Kulturoffizier in der französischen Besatzungszone, ab 1949 lebt er in *Mainz*. Berlin besucht er 1947 das erste Mal wieder. Er schreibt über die zerstörte Stadt: »Ich suche und finde nichts.« Er fühlt sich fremd und unerwünscht. Auch gesundheitlich geht es ihm nicht gut: es gibt erste Anzeichen von Parkinson. Resigniert verlässt er mit seiner Frau Deutschland und siedelt noch einmal nach *Paris* um, wo er eine kleine Wohnung gekauft hat. Und er wird immer gebrechlicher.

Am 26. Juni 1957 stirbt Alfred Döblin während eines Klinikaufenthaltes in *Emmendingen*. Er wird im elsässischen Dorf *Housseras* beerdigt. Hier gab es schon ein Grab der Familie. Sein Sohn *Wolfgang*, der als Soldat in der französischen Armee gekämpft hatte, brachte sich im Jahr 1941 beim Vormarsch der Deutschen aus Furcht vor der Gefangenschaft in diesem kleinen Ort um. Erna Döblin nimmt sich am 15. September 1957 in Paris das Leben und wird ebenfalls in *Housseras* begraben.

Der große Erfolg »Berlin Alexanderplatz« wiederholt sich nicht; damit findet sich Alfred Döblin ab. Obwohl er mehrmals für den Literaturnobelpreis vorgeschlagen wird, erhält er die Auszeichnung nie. Döblin kommentiert das mit einer abfälligen Bemerkung über Hermann Hesse, der 1946 den Nobelpreis erhalten hatte: *»So viel wie die langweilige Limonade Hermann Hesse bin ich schon lange.«*

ALEXANDERPLATZ 3 ▸ *K3*
Mitte
▶ U-und S-Bahn: Alexanderplatz

DÖBLIN-GEDENKTAFEL
Kaiserdamm 28, Charlottenburg
▶ U-Bahn: Kaiserdamm

WALTER GROPIUS

1883–1969

Der weltberühmte Architekt hatte – wie sein kongenialer Kollege Mies van der Rohe – Visionen von einem lichten, humanen und vor allem bezahlbaren Wohnen in Berlin. Aber es gab auch Kritiker.

Mauern überwinden, Grenzen aufheben, Einheit schaffen. Diese Vision gab es schon lange vor der Wiedervereinigung in Berlin. Davon träumten in den 20er-Jahren die Architekten des Bauhauses und ihre Schüler. Sie wollten die Mauern ihrer Gebäude öffnen, die Grenzen zwischen Häusern und Gärten ineinander übergehen lassen und eine Einheit zwischen Bau- und Kunsthandwerk schaffen. Der Architekt Walter Gropius war ein Vertreter dieses modernen Bauens. Er wurde Wegbereiter für eine neue Architektur. Die Mauern verschwanden, Grenzen wurden aufgehoben und Architektur und Kunst zu einem Berliner Lebensgefühl vereint.

Als Walter Gropius mit 36 Jahren das Bauhaus gründet, hat er sich in Berlin bereits einen Namen als Architekt gemacht. Er gilt als ehrgeizig, begabt und umsichtig. Sein größtes Defizit ist ein mangelndes Zeichentalent; dafür kann er umso besser beobachten und delegieren. Der Sohn eines Geheimen Baurats und Großneffe von *Martin Gropius*, der mit dem Martin-Gropius-Bau

Architekt und Ästhet: Walter Gropius zählt zu den großen Baumeistern des 20. Jahrhundert. Eine Aufnahme von 1919.

in der Niederkirchnerstraße *(▸ F6)* der Stadt ebenfalls ein Denkmal hinterlassen hat, wird am 18. Mai 1883 in Berlin geboren. Walter Gropius studiert an den Technischen Hochschulen von *München* und *Berlin-Charlottenburg* Architektur und geht dann ins Büro von *Peter Behrens*. Hier lernt er die Grundprinzipien des modernen Bauens kennen. Nach zwei Jahren macht er sich als Baumeister und Industriedesigner selbstständig und entwirft

Das von Gropius entworfene Bauhaus-Archiv/Museum für Gestaltung beherbergt die weltweit umfangreichste Sammlung zum Bauhaus.

neben Gebäuden auch Inneneinrichtungen wie Möbel und Tapeten, aber auch Industrieprodukte wie Autokarossen und sogar eine Diesellokomotive. Mit seinem ersten Großauftrag setzt er gleich ein Ausrufezeichen: Die *Fagus-Werke* in *Alfeld an der Leine* werden einer der ersten Baukomplexe ohne sichtbare Stützen und Träger. Mit seiner Glas- und Stahlarchitektur gilt der Fabrikbau als richtungsweisender Vorreiter eines zeitlosen Baustils: Im Juni 2011 wird das Werk zum Weltkulturerbe der UNESCO erklärt.

Neben seiner großen Leidenschaft, dem Bauen, hat der junge Walter Gropius eine zweite, allerdings ziemlich dramatische Vorliebe: Sie gilt *Alma Mahler*, der Ehefrau des Komponisten *Gustav Mahler*, einer ebenso schönen wie umtriebigen Muse, der Schwärme von europäischen Intellektuellen verfallen. Gropius lernt sie bei einem Kuraufenthalt in der Steiermark kennen und lieben; da ist sie noch mit Mahler verheiratet. Nach dessen Tod 1911 wird die Beziehung unterbrochen, Alma wendet sich dem Komponisten *Franz Schreker* zu, dann dem Maler *Oskar Kokoschka*. Gropius kommt dahinter, als er das »Doppelbildnis Oskar Kokoschka mit Alma Mahler« sieht und sich anschließend wieder um sie bemüht. Mit Erfolg. Die Liebe flammt erneut auf, 1915 wird geheiratet, Walter Gropius zieht in den Krieg. 1916 kommt Tochter *Manon* zur Welt und schon 1917 – als Frühgeburt – der Sohn *Martin Carl Johannes*, der allerdings nach neun Monaten an Gehirnwassersucht stirbt. Gropius rechnet nach und stellt fest, dass er nicht der Vater sein kann. Da bekennt sich auch schon der Dichter *Frank Wedekind* zur Vaterschaft. Er hat mit Alma Mahler-Gropius ein inniges Verhältnis, während der Architekt an der Heeresschule für Nachrichtenwesen für die Ausbildung von Hundestaffeln zuständig ist. Eine Tätigkeit, die Alma zutiefst verachtet, denn in einem Brief schreibt sie Gropius erbost: »Mein Mann muss erstrangig sein!« 1920 wird die Ehe geschieden; Gropius wendet sich wieder seiner Karriere zu und heiratet 1923 die Journalistin *Ilse Frank*.

SEINE TOCHTER STIRBT AN KINDERLÄHMUNG

Die Tochter Manon Gropius lebt bei ihrer Mutter, die alle erdenklichen Anstrengungen unternimmt, sie mit dem wesentlich älteren österreichischen Politiker *Anton Rintelen* zu verheiraten. Manon, ein außergewöhnlich schönes Mädchen, erkrankt 1934 in Venedig, wo gerade eine von den öffentlichen Stellen geheim gehaltene Polio-Epidemie grassiert, an Kinderlähmung und stirbt nach einem Jahr Siechtum am Ostermontag 1935. *Alban Berg* komponiert für sie das ergreifende Konzert »Dem Andenken eines Engels« und ihr Stiefvater Franz Werfel verfasst über ihr Leben und Sterben zwei tränenreiche Erzählungen. Auch Gropius leidet sehr unter dem Tod seiner Tochter; da ist er bereits aus Deutschland, das von den Nazis regiert wird, geflohen.

Das erste Gebäude, das nach den Entwürfen von Gropius in Berlin entstand, ist das *Haus Sommerfeld* in Lichterfelde. Der Bauunternehmer und Holzhändler *Adolf Sommerfeld* hatte Gropius mit dem Bau beauftragt. Sommerfeld wollte durch die Benutzung vieler Holzelemente das Material als Baustoff bekannt und damit Werbung für sein Unternehmen machen. So entstehen Häuser in einer Art Landhausstil, mit expressionistischen Besonderheiten wie unterschiedlich gestaltete und farbig gefasste Balkonköpfe. Hier vereinigt Gropius Holz, Farbe, Kunsthandwerk und Architektur miteinander, exemplarisch für die Idee des Bauhauses.

Ganz anders das Gropiusbauwerk in *Siemensstadt* im Nordwesten Berlins, das in den 30er-Jahren entstand. Berlin wird zu dieser Zeit zum größten Industriezentrum Deutschlands, Firmen wie Borsig, Agfa, Siemens oder AEG lassen sich nieder. Immer mehr Menschen ziehen in die Metropole, es fehlen Wohnungen. Gropius entwirft ein zweckmäßiges und erschwingliches Wohnhaus. Zu diesem Zeitpunkt ist er schon eine Berühmtheit, die zu den intellektuellen Zirkeln Berlins gehört.

EIN MITSTREITER HEISST MIES VAN DER ROHE

Bereits 1919 hat er das *Bauhaus* in *Weimar* gegründet, dessen Direktor er 1929 wird. Gropius selbst lehrt am *Bauhaus* nur selten. Er arbeitet weiter als Architekt, Gutachter und Ausstellungsmacher. Und längst hat er die Bekanntschaft mit *Mies van der Rohe* (1886–1969), dem anderen großen Genie der Architektur, gemacht. Wie Gropius hat auch der in Aachen geborene van der Rohe von 1908 bis 1910 im Büro von Peter Behrens gearbeitet. 1913 heiratet er und eröffnet sein eigenes Büro. Es folgen in den nächsten Jahren eine Reihe ähnlicher, durchweg konventioneller Wohnhäuser für wohlhabende Klienten, wie der Bau für den Mitinhaber der Deutschen Bank Franz Urbig. »Ich will nicht inte-

Die Gropiusstadt: Kritiker sehen hier eine seelenlose Wohnlandschaft.

ressant sein, ich will gut sein«, erklärt er. 1921 schließt sich Mies van der Rohe der progressiven Novembergruppe, einer radikalen und revolutionären Künstlervereinigung, an. Aus dieser Zeit stammt sein gläsernes Bürohaus für die Friedrichstraße. Das weltberühmte Modell aus Glas geht zwar in die Architekturgeschichte ein und ist im *Bauhaus-Archiv* 4 *(▸ C 6)* ausgestellt, wird aber nie realisiert.

Für Mies van der Rohe ist das Gebäude ein Beispiel für seine »Haut und Knochen«-Architektur: »Haut« steht für die Glasfassade, »Knochen« für das Stahltragwerk, die Mauern verschwinden. 1926/1927 erhält er seinen einzigen Auftrag für den Berliner Wohnungsbau, eine Wohnanlage an der Afrikanischen Straße. Sein Meisterwerk wird der berühmte Deutsche Pavillon auf der Internationalen Ausstellung in Barcelona 1928/1929, der mit seinen klaren Linien und einfachen Formen stilbildend für die moderne Architektur wird.

Auf Drängen von Gropius übernimmt van der Rohe 1930 die Leitung des Bauhauses in Dessau und später Berlin. Mit autoritären Methoden reorganisiert er den Lehrplan und macht das Bauhaus zu einer Architekturschule. Für ihn ist Baukunst kein technisches oder soziologisches Problem, sondern die räumliche

Umsetzung von geistigen Entscheidungen. In dieser Zeit entsteht das Haus Lemke im Norden von Berlin, im unverkennbaren Bauhaus-Stil: Unauffällig, schnörkellos, zum Garten hin mit einer Fensterfront und Terrasse geöffnet.

Auf Druck der Nationalsozialisten wird das *Bauhaus*, das in den letzten Jahren in einer alten Telefonfabrik in *Berlin-Steglitz* untergebracht ist, 1933 geschlossen; es wurde zuletzt als »Kirche des Marxismus« verunglimpft. Mies van der Rohe geht ins Exil nach Amerika. Auch Gropius hat 1934 Deutschland verlassen; er geht zunächst nach England und 1937 in die USA; dort wird er Professor und Leiter der Architekturabteilung in Harvard.

Nach dem Krieg bauen sowohl Walter Gropius als auch Mies van der Rohe wieder in Berlin. 1957 entsteht das *Hansaviertel* 17 *(▸ A 4)* im Rahmen der Internationalen Bauausstellung. Es soll zum Symbol für Berlins Erneuerungswillen nach dem Zweiten Weltkrieg, in dem die Stadt mehr als eine halbe Million Wohnungen und wichtige Industrie- und Arbeitsstätten verloren hatte, werden. 53 Architekten aus 13 Ländern geben ihre Entwürfe ab, 35 werden verwirklicht. Gropius baut ein neungeschossiges Wohnhaus – einen weiteren Klassiker.

GROPIUS' BEZAHLBARES BAUEN HAT KRITIKER

Die *Gropiusstadt* in Neukölln schließlich ist exemplarisch für sozialen Wohnungsbau und zweckmäßige Architektur. Wohnraum schaffen für Massen, lautet die Devise. Hier kann Gropius zwar seine Idee vom »Baukasten im Großen« verwirklichen, doch in den Massensiedlungen, die schnell mit industriell gefertigten Bauteilen hochgezogen werden, entstehen soziale Probleme. Kritiker bemängeln, dass Gropius mit seinem Industrialisierungsgedanken zu weit gehe und die Bedürfnisse der Bewohner vernachlässige; manche sehen in ihm einen Vater des Plattenbaus.

Mies van der Rohe bekommt Anfang der 60er-Jahre vom Senat Westberlins das Angebot für die Planung der Kunsthalle. Trotz zunehmender gesundheitlicher Probleme des inzwischen 80-Jährigen nimmt er an und reist mehrere Male zur Besichtigung der Baustelle nach Berlin. Die *Neue Nationalgalerie* *(▸ D/F 6)* gilt als ein Meisterwerk van der Rohes und steht im Kontrast zu den funktionalen Bauten wie etwa der Philharmonie und Staatsbibliothek von Scharoun. An der Eröffnung 1968 kann er nicht mehr teilnehmen. Er erkrankt an Speiseröhrenkrebs und stirbt am 17. August 1969 in *Chicago* an einer Lungenentzündung. Kurz zuvor endet in *Boston* auch das Leben seines großen Kollegen Walter Gropius. Er stirbt am 5. Juli 1969 und wird später auf dem *Südwestkirchhof Stahndsdorf* beigesetzt.

Sein letztes Werk in Berlin ist das *Bauhaus-Archiv* 4 *(▸ C5)* in der *Klingelhöferstraße*. Ein futuristisches Gebäude, das zuerst in Darmstadt, wo sich seit 1960 das Archiv befand, gebaut werden soll, von der Stadt aber abgelehnt wird. Den Berlinern gefällt der Entwurf von Gropius. Das Archiv wurde 1976–79 am Landwehrkanal errichtet. Seine ebenso markante wie zeitlose Silhouette ist noch heute eines der großstädtischen Wahrzeichen der Stadt.

BAUHAUS-ARCHIV/MUSEUM FÜR GESTALTUNG 4 *▸ C6*
Klingelhöferstraße 14, Tiergarten
www.bauhaus.de
▸ U-Bahn: Nollendorfplatz

GROPIUSSTADT
Neukölln
▸ U-Bahn: Johannisthaler Chaussee

GROPIUS-HAUS IM HANSAVIERTEL 17 *▸ A4*
Klopstockstraße/Händelallee, Tiergarten
▸ U-Bahn: Hansaplatz, S-Bahn: Tiergarten

KURT TUCHOLSKY

1890–1935

Kaum ein anderer hat Berlin so brillant beschrieben. Seine Politiker, seine Menschen, seine Kultur, seinen Terror. Er liebte die Stadt und er hasste sie. Er konnte nicht mit ihr leben, aber auch nicht ohne sie.

Ein *»kleiner dicker Berliner, der mit der Schreibmaschine eine Katastrophe aufhalten wollte«*, so beschreibt *Erich Kästner* den Journalisten und Schriftsteller Kurt Tucholsky. Kästner kannte Tucholsky, er arbeitete mit ihm zusammen und hatte sich lange mit seinen Texten auseinandergesetzt, bevor er sie 1946 im Rowohlt Verlag unter dem Titel »Der große Tucholsky« veröffentlichte. Dieser kleine, dicke Mann war einer der größten Schreiber Berlins; er hat mit Worten gekämpft, unterhalten und die Literaturszene mitgeprägt.

Die Stadt tut sich nicht leicht mit diesem waschechten Berliner, der nach der Machtübernahme Hitlers die Flucht ergriff, resignierte und die Lust am Leben, am Schreiben und am Handeln verlor. Er wollte die Welt verändern und zerbrach letztendlich an ihr. *»Das Ärgerliche am Ärger ist, dass man sich schadet, ohne anderen zu nützen.«* 1933 wurde er ausgebürgert. Erich Kästner schaute zu, als seine eigenen Bücher, die Bücher von Tucholsky und anderen Kollegen auf dem *Bebelplatz* 10 *(▸ H 4)* in Flammen aufgingen.

Kritischer Kopf, beißender Humorist, manischer Schreiber: Kurt Tucholsky war ein brillanter Chronist des Berlins der 20er-Jahre.

Kurt Tucholsky wird am 9. Januar 1890 in Berlin geboren. Die frühe Kindheit verbringt er in *Stettin*, wohin sein Vater, ein jüdischer Bankkaufmann, aus beruflichen Gründen versetzt wurde. Er ist neun, als die Familie nach Berlin zurückzieht. Sechs Jahre später verliert Tucholsky den geliebten Vater. Die Mutter, zu der er ein weniger gutes Verhältnis hat, und die drei Kinder erben ein ansehnliches Vermögen. Tucholsky besucht das *Französische*

Denkmal der Bücherverbrennung am Bebelplatz: Durch eine Glasplatte fällt der Blick in einen Raum mit leeren Regalen.

Gymnasium (▸ E 7) in Tiergarten, die älteste öffentliche Schule in Berlin, sowie das *Königliche Wilhelms-Gymnasium*. Anschließend studiert er Jura in Berlin und in *Genf* und promoviert in *Jena*. Die Literatur und das Schreiben begeistern ihn früh: Schon als Schüler macht er sich in der satirischen Wochenzeitschrift »Ulk« über den Kunstgeschmack Kaiser Wilhelms II. lustig. Neben dem Studium arbeitet er journalistisch.

1912 erscheint sein erstes Buch »Rheinsberg – ein Bilderbuch für Verliebte«, eine Erzählung in verspieltem Ton, was für die damalige Zeit ungewöhnlich ist, für Tucholsky jedoch nicht. Er liebt geradezu Albernheiten und Wortverdrehungen. Das Buch wird ein Erfolg, nicht zuletzt durch das Engagement des Schriftstellers sowie des Illustrators *Kurt Szafranski*. Zusammen fördern sie den Absatz des Buches und eröffnen kurzerhand auf dem *Kurfürstendamm* eine Bücherbar, in der die Kunden zu jedem gekauften Buch einen Schnaps eingeschenkt bekommen. Tucholsky schreibt: *»Die Presse brachte sich um ... Der Sankt Petersburger Herold schrieb, wer einen Wilde erstehe, der bekäme Whisky Soda, und wer Ibsen kaufte, einen nordischen Korn. Das stimmte aber nicht, wir tranken selbst. Und verkauften schrecklich viele Rheinsberg.«* Nach wenigen Wochen geben die beiden ihre »Schnapsidee« wieder auf.

Am nachhaltigsten wirkt Tucholsky an der Zeitschrift »Schaubühne«, der späteren »Weltbühne« mit. 20 Jahre lang schreibt er in den unterschiedlichsten Rubriken für die Zeitschrift und prägt maßgeblich deren Profil. Damit das linksliberale Wochenblatt nicht zu »tucholskylastig« wird, legt er sich Pseudonyme zu: Ignaz Wrobel, Theobald Tiger und Peter Panter sind die bekanntesten. Peter Panter ist der Feuilletonist, Theobald Tiger der Chansonschreiber, Ignaz Wrobel der Satiriker und Kaspar Hauser der Philosoph. Tucholsky schreibt und schreibt, in jeder Ausgabe erscheinen zwei bis drei Artikel von ihm: vom politischen Kommentar und Gerichtsreportagen über Glossen und Satiren bis zu Gedichten und Buchbesprechungen.

DIE SATIRE – DAS IST SEINE GROSSE LIEBE

Hinter allen Pseudonymen verbirgt sich ein scharfer Denker, der analysiert und brillant kommentiert. Nach dem Ersten Weltkrieg, aus dem Tucholsky als Vizefeldwebel, überzeugter Antimilitarist und Pazifist zurückkehrt, übernimmt er die Chefredaktion des »Ulk«, der wöchentlichen satirischen Beilage des linksliberalen »Berliner Tageblatts« des Verlegers *Rudolf Mosse*. Die Zeitung ist Anfang des 20. Jh. neben der »Vossischen Zeitung« das einflussreichste Hauptstadtblatt; neben Tucholsky arbeiten *Alfred Kerr*, *Alfred Polgar* und Erich Kästner regelmäßig in der Redaktion mit und liefern außerordentliche Beiträge.

Vorübergehend arbeitet Tucholsky während der Inflation in den 20er-Jahren aus wirtschaftlichen Gründen bei einer Berliner Bank. Zeitgleich befallen ihn schwere Depressionen, er zweifelt am Sinn seines Schreibens. *»Manchmal ist die Angst um ein Glück größer als das Glück selbst«*, erklärt Tucholsky in einer seiner psychischen Krisen.

Im Februar 1924 schließt er einen Mitarbeitervertrag mit *Siegfried Jacobsohn*, dem Herausgeber der »Weltbühne«, ab und geht im Frühjahr als Korrespondent nach *Paris*. Jacobsohn und Tucholsky haben ein besonders inniges Verhältnis. Nach Jacobsohns Tod übernimmt er kurzzeitig die Leitung der »Weltbühne«, gibt sie aber schon im Mai 1927 an seinen Kollegen *Carl von Ossietzky* weiter. Im gleichen Jahr äußert er seinen Unmut über die Heimat: *»Hier geht das Beste von mir in die Binsen. Mir bekommt die Stadt nicht, alle meine schlechten Eigenschaften entfalten sich in ihr … Wie mich das alles ankotzt.«* 1933 wird die »Weltbühne« endgültig von den Nationalsozialisten verboten, jedoch noch zwei Jahre im Exil fortgeführt.

DER MANN KANN AUCH LUSTIGES SCHREIBEN

Zu seinen Veröffentlichungen gehören aber auch heitere Erzählungen und Texte für Kabarett und Chansons wie »Immer raus mit der Mutter«, »Wenn eena jeborn wird« oder »Wenn eena dot ist«. Einer der größten Erfolge wurde »Wenn der alte Motor wieder tackt« für das Eröffnungsprogramm des Kabaretts »Schall und Rauch« von *Max Reinhardt*, zu deren Hauptautoren Tucholsky gehört. Tucholsky liebt das Varieté, vor allem *Otto Reutter*, der in den 20er-Jahren stadtbekannt ist.

Doch die Freude an Lachen und Blödsinn werden Tucholsky allmählich genommen. Er ist frustriert, dass seine messerscharfen Attacken gegen die Justiz der Republik und für Demokratie und

1960 wird eine Gedenktafel an Tucholskys Geburtshaus eingeweiht. Im Bild seine Witwe Mary Gerold-Tucholsky.

Menschenrechte keine Wirkung zeigen. Wie sein großes Vorbild, der Dichter *Heinrich Heine,* verbringt auch Tucholsky bis zu seinem Tod die meiste Zeit im Ausland, überwiegend in *Frankreich*, ab 1930 hält er sich in *Schweden* auf. Von hier beobachtet er aufmerksam das Geschehen in Deutschland und distanziert sich nach der Machtübernahme Hitlers immer mehr von seiner Heimat, ohne sich von ihr aber wirklich lösen zu können.

Als Carl von Ossietzky schließlich im KZ landet, überlegt er, zurückzugehen. Aus der Ferne unterstützt er schließlich die Verleihung des Friedensnobelpreises an den inhaftierten Freund, der diesen dann 1936 rückwirkend für 1935 erhält; Hitler schäumt vor Wut und verfügt, dass kein Deutscher mehr einen Nobelpreis annehmen darf. Den Erfolg seiner Bemühungen erlebt Kurt Tucholsky jedoch nicht mehr. Auch Carl von Ossietzky überlebt den Nazi-Terror nicht. 1938 stirbt er nach den Folgen seiner KZ-Haft im Berliner Krankenhaus Nordend.

Kurt Tucholsky leidet in *Schweden* vor sich hin, körperlich und seelisch: Ständige Magenbeschwerden führen zu häufigen stationären Behandlungen und zur Abhängigkeit von Betäubungsmitteln. Und er muss miterleben, wie seine Bücher verbrannt werden und er seine deutsche Staatsangehörigkeit verliert. Verbittert über Deutschland schreibt er kurz vor seinem Tod: *»Mein Leben ist mir zu kostbar, mich unter einen Apfelbaum zu stellen und ihn zu bitten, Birnen zu produzieren. Ich kann nicht mehr. Ich habe mit diesem Land, dessen Sprache ich so wenig wie möglich spreche, nichts mehr zu schaffen. Möge es verrecken – möge es Russland erobern – ich bin damit fertig.«* Am Abend des 20. Dezember 1935 nimmt er eine Überdosis Tabletten. Als er am nächsten Tag aufgefunden wird, liegt er bereits im Koma und stirbt am Abend des 21. Dezember 1935 im Krankenhaus in *Göteborg*.

DER AMBIVALENTE TUCHOLSKY UND DIE FRAUEN

Kurt Tucholsky war ein überaus empfindsamer Künstler mit einem komplizierten Verhältnis zu Frauen. Er hatte Angst davor sich zu binden – ob an Orte, Ideen, Menschen oder Parteien –, litt aber zugleich unter dieser Unfähigkeit. Zuneigung und Abwehr, Sehnsucht und Angst standen sich gegenüber. Es soll viele Frauen in seinem Leben gegeben haben, mit zweien war er verheiratet: *Else Weil* (1920–24) und *Mary Gerold (*1924–28). *Lisa Matthias*, seine letzte Lebensgefährtin, die ihn nach *Schweden* begleitete, beschrieb ihn als beziehungsunfähigen Erotomanen, der eigentlich immer nur an Mary Gerold (»das blondeste Glück eines ganzen Lebens«) gehangen habe. Er machte sie zu seiner Alleinerbin.

Ihr schrieb er in seinem Abschiedsbrief über sich selbst: *»Hat einen Goldklumpen in der Hand gehabt und sich nach Rechenpfennigen gebückt; hat nicht verstanden und hat Dummheiten gemacht, hat zwar nicht verraten, aber betrogen, und hat nicht verstanden.«*

Tucholsky hatte eine fast manische Schreibwut. Er beschrieb alles, was ihm am Herzen lag: Tanzbälle, die höhere Gesellschaft, Straßenbahnfahrer, Politik, Gefühlszustände. Seine brillante Sprache wirkt nach bis heute, wie etwa im Schlussgebet von »Unerledigte Konten«: *»Es ist immer das gleiche Lied. Wenn wir was brauchen, dann haben wir's nicht, und wenn wir's kriegen, dann wollen wir's nicht. Lieber Gott, sei doch nur einmal gescheit und gib uns die Dinge zu ihrer Zeit. Amen.«*

Irgendwann begann er Berlin zu verabscheuen, Preußen zu verachten und Deutschland abzulehnen. *»Ein Berliner war er wie kaum ein anderer Schriftsteller seiner Epoche, ein Preuße wider Willen, ein Deutscher ohne Deutschland«*, fasst der Literaturkritiker Marcel Reich-Ranicki zusammen.

Denkmäler hat ihm die Stadt Berlin nicht gewidmet. Lediglich ein paar Erinnerungstafeln, eine Bibliothek, eine Straße, eine Schule, Buchhandlungen, Apotheken und Lokale erinnern an Kurt Tucholsky. Das Tucholsky-Museum ist nach Rheinsberg umgezogen. Dennoch ist Berlin ohne Tucholsky undenkbar.

DENKMAL ZUR ERINNERUNG AN DIE BÜCHERVERBRENNUNG 10 ▸ *H4*
Bebelplatz, Mitte
▶ U-Bahn: Französische Straße

MOSSE VERLAG 24 ▸ *H5*
Jerusalemer Str. 48/49, Mitte
www.juedische-allgemeine.de/mosse
▶ U-Bahn: Hausvogteiplatz

TUCHOLSKY-GEDENKTAFEL AN SEINEM EHEMALIGEN WOHNHAUS
Bundesallee 179, Schöneberg
▶ U-Bahn: Berliner Straße

TUCHOLSKY-GEBURTSHAUS 31 ▸ *B 1/2*
Lübecker Straße 13, Moabit
▶ U-Bahn: Turmstraße

MARLENE DIETRICH

1901–1992

Die Hollywood-Legende und Berlin haben ein sehr ambivalentes Verhältnis zueinander. Mal ist es von Liebe geprägt, mal von Abneigung. Letztendlich ist und bleibt die Dietrich jedoch ein Kind dieser Stadt.

Nur wenige Texte beschreiben das Streben und Sehnen der Marlene Dietrich so treffend wie diese knappen Zeilen: *»Ich hab' noch einen Koffer in Berlin. / Deswegen muss ich nächstens wieder hin. / Die Seligkeiten vergang'ner Zeiten / sind alle noch in meinem kleinen Koffer drin. / Ich hab' noch einen Koffer in Berlin. / Der bleibt auch dort und das hat seinen Sinn. / Auf diese Weise lohnt sich die Reise, / denn, wenn ich Sehnsucht hab' / dann fahr' ich wieder hin.«*

Als Marlene Dietrich im Mai 1960 nach 29 Jahren Exil wieder vor deutschem Publikum in ihrer Heimatstadt Berlin auftreten will, ist die Begeisterung nicht groß. Die Berliner zeigen dem Weltstar deutlich ihre Abneigung. Die Schauspielerin, die das Dritte Reich aus der Ferne miterlebte, muss bei ihrer Ankunft Beschimpfungen wie »Marlene, hau ab« und »Marlene, go home« auf Transparenten lesen. Und sie wird als »Vaterlandsverräterin« beschimpft. Doch die Dietrich, inzwischen 59, lässt sich nicht vertreiben. Ihr Konzert im *Titania Palast* wird schließlich zum

Mit ihrer Rolle in »Der blaue Engel« gelang Marlene Dietrich auch international der Durchbruch (Foto, um 1930).

Triumph, erstmalig in ihrer Gesangskarriere gibt sie sogar eine Zugabe. Das Repertoire umfasst Berliner Lieder und ist auf das Publikum der geteilten Stadt zugeschnitten. Als der letzte Ton ihres Liedes »Ich hab' noch einen Koffer in Berlin« verklungen ist, erhebt sich in der ersten Reihe ein Zuschauer, der begeistert applaudiert und auch alle anderen mitreißt. Berlins damaliger regierender Bürgermeister *Willy Brandt* bricht den Bann.

2010 wurde Marlene Dietrich der erste Stern auf dem Boulevard der Stars am Potsdamer Platz gewidmet.

Marlene wird wieder zum Star in Deutschland, kehrt aber nicht zurück. Sie entscheidet sich erneut gegen ihr Heimatland und verbringt ihren Lebensabend im Ausland. *»Die Deutschen und ich sprechen nicht mehr die gleiche Sprache«*, erklärt sie, dennoch fühlt sie: *»Berlin ist meine Heimatstadt! Ich bin Berlinerin und bleibe Berlinerin und ich bin dankbar, dass ich Berlinerin bin!«*

50 Jahre später wurde Marlene Dietrich im September 2010 zur Eröffnung des *Boulevards der Stars* **9** *(▸ E6)* auf dem Potsdamer Platz der erste Stern gewidmet. Ganz in der Nähe liegt der Marlene-Dietrich-Platz. Es gab diverse Dispute, als es um den Namen des Platzes ging. Vergessen waren offenbar ihre Verdienste als Vermittlerin zwischen Deutschland und der US-Armee, ebenso wie ihre Hilfe für zahlreiche deutsche Emigranten, denen sie mit ihrem Einsatz und ihrer Unterstützung das Leben rettete. Schließlich einigte man sich doch noch auf die Widmung *»Berliner Weltstar des Films und des Chansons. Einsatz für Freiheit und Demokratie, für Berlin und Deutschland«*.

Am 27. Dezember 1901 wird Marie Magdalene Dietrich in der *Sedanstraße*, der heutigen Leberstraße, geboren. Ihre Mutter ist die Tochter eines wohlhabenden Uhrmachermeisters, der sein

Geschäft *Unter den Linden* *(▸ E–H 4)* hatte. Marlenes Vater ist ein bekannter, gut aussehender und umtriebiger Polizeileutnant, der 1908 bei einem Reitunfall ums Leben kommt; ihre Mutter heiratet daraufhin den Offzier *Eduard von Losch*. Marlene, wie sie sich selbst seit ihrer Kindheit nennt, besucht die *Auguste-Viktoria-Schule*, heute Goethe Gymnasium, in der Nürnberger Straße und erhält besonders durch ihre Mutter eine strenge, preußische Erziehung.

Nach einer abgebrochenen Ausbildung zur Konzertgeigerin an der *Musikhochschule Weimar* will Marlene Schauspielerin werden. Sie spricht am *Deutschen Theater* **11** *(▸ E 2)* vor, wird als Statistin und Kleindarstellerin engagiert und nimmt privaten Unterricht beim Reinhardt-Ensemble. *Max Reinhardt* selbst lernt sie erst später in Amerika kennen. Trotz strenger Erziehung entwickelt sich das Mädchen zu einer jungen Dame, die offen für die Vergnügungen der Stadt ist. *»Sonnabends und Sonntags küsse ich mich immer satt für die Woche«*, schreibt sie im September 1919.

ZAHLLOSE AFFÄREN MIT MÄNNERN UND FRAUEN

Die Lust am Flirten und Erobern wird bei Marlene Dietrich lange anhalten. Ihr Leben lang kursieren in der Öffentlichkeit Gerüchte über zahllose Affären mit Männern wie mit Frauen. Zu ihren Eroberungen sollen Stars wie *Gary Cooper*, *James Stewart*, *Maurice Chevalier*, *Claire Waldoff*, *Erich Maria Remarque*, *Edith Piaf*, *Jean Gabin*, *Burt Bacharach* und *Yul Brynner* zählen. *»Liebhaber und Freundinnen gehörten zum Hofstaat, dessen Besetzung sich von Zeit zu Zeit änderte«*, schreibt Werner Sudendorf 2001 in seiner Biografie. Sie provoziert ihre Umgebung mit ihrem Äußeren und wird zur Leitfigur der unabhängigen, selbstbewussten Frau.

1923 heiratet sie mit 22 den Produktionsassistenten *Rudolf Sieber*, den sie bei Dreharbeiten kennengelernt hat. Die Ehe hält auf dem Papier über 50 Jahre. 1924 wird Tochter *Maria* geboren, doch schon bald durchkreuzen neue Bekanntschaften die Beziehung. In den folgenden Jahren sichert sich Marlene auch ihren Platz im Berliner Kulturleben, spielt im Theater und im Film, jedoch nicht in herausragenden Rollen. Am *Ku'damm 205* tritt zu dieser Zeit eine Jazzkapelle auf, *Friedrich Hollaender* sitzt am Klavier, *Margo Lion* singt mit der blutjungen Marlene im Duett »Wenn die beste Freundin mit der besten Freundin«. Die Berliner sind begeistert.

Ihr Theaterdebüt gibt sie 1922 im Kellerclub vom *Theater des Westens* in der Hardenbergstraße. Als der Filmregisseur *Josef von Sternberg* sie entdeckt, ändert sich das Leben für Marlene. Ihre Rolle der Lola Lola im »Blauen Engel« und ihr Lied »Ich bin von Kopf bis Fuß auf Liebe eingestellt« machen sie berühmt, ihre Weltkarriere beginnt. Die Premierenfeier im Restaurant Borchardt in der *Französischen Straße* *(▸ H 4)* findet ohne sie und ohne Sternberg statt: Er bereitet ihre Ankunft in Amerika vor, sie befindet sich auf dem Weg in die Staaten.

DIE DIETRICH WIRD 1939 AMERIKANERIN

In den USA initiiert Josef von Sternberg Marlenes Aufstieg zur Filmlegende. Sie ist nicht schön, sondern rätselhaft, eine Mischung von Vamp, Femme fatale und androgynem Irrlicht. Einer ihrer Freunde charakterisiert sie treffend: »Sie hat Sex, aber kein Geschlecht.« In *Hollywood* drehen sie zuerst den Film »Marokko«, der ihr die einzige Oscarnominierung einbringt. Sternberg wird ihr Geliebter, kontrolliert und perfektioniert ihr Leben. Mit ihrer Detailversessenheit und Kontrolle gilt Marlene in *Hollywood* bald als Musterbeispiel für preußische Disziplin.

Nach der Machtübernahme der Nationalsozialisten in Deutschland zieht Marlene Dietrich 1933 vollständig in die USA. Alle

Berühmte Szene in »Der blaue Engel«. Marlene Dietrich spielt die Lola und singt: »Ich bin von Kopf bis Fuß auf Liebe eingestellt.«

Filmangebote der nationalsozialistischen Regierung lehnt sie konsequent ab. Ebenso konsequent wird die Dietrich Gegnerin des Nazi-Regimes und hilft Freunden und Emigranten aus Deutschland. Gleichwohl bietet ihr 1936 *Joseph Goebbels* in Deutschland hohe Gagen und freie Auswahl bei Drehbüchern und Rollenbesetzungen für Filme an, die in Berlin produziert werden. Marlene Dietrich lehnt ab, ihre Hollywoodkarriere geht weiter. Von 1936 bis 1939 dreht sie mit großen Regisseuren wie *Alfred Hitchcock, Orson Welles, Billy Wilder* oder *Ernst Lubitsch.*

1939 nimmt sie aus Protest gegen das Dritte Reich die US-Staatsbürgerschaft an. *»Ich werde nicht hier sitzen, still vor mich hin arbeiten und den Krieg an mir vorübergehen lassen«*, erklärt sie und schließt sich der United Service Organization (USO) an, die amerikanische Künstler zur Truppenunterhaltung an die Fronten schickt, um die Soldaten bei Laune zu halten. *»Es war die beste*

Rolle, die sie jemals spielte«, urteilt ihre Tochter später. *»Sie sammelte Lorbeeren für heroische Tapferkeit, heimste Orden und Belobigungen ein, wurde verehrt und respektiert.«*

Ihr Verhältnis zu Deutschland bleibt gespannt. Als sie am 19. September 1945 nach Berlin kommt, um ihre Mutter zu besuchen, wird sie von den Berlinern verächtlich ignoriert oder gar als Verräterin abgestempelt. Sie tritt vor US-Soldaten im *Titania Palast* in Steglitz und im *Olympiastadion* auf, wohnt bei Freunden in der Klopstockstraße in Zehlendorf, verlässt zwei Wochen später die Stadt und geht nach *Paris*.

IHRE LIEDER KOMMEN IN DIE HITPARADEN

Mit 52 Jahren beginnt Marlene Dietrich ihre zweite Karriere als Sängerin. Zu ihren Chansons, die größtenteils mit einem leicht heiseren Sprechgesang vorgetragen werden, gehören Berliner Lieder wie »Durch Berlin fließt immer noch die Spree« und »Nach meene Beene ist ja janz Berlin verrückt«, die sie auf Deutsch vorträgt. Entscheidend sind nicht allein die Lieder, sondern ihre Selbstinszenierung. Sie sagt: *»Ich kann nicht singen, also muss das, was ich trage, eine Sensation sein.«* Wie in Hollywood entwirft sie aufsehenerregende Kostüme. Weltberühmt wird ihr fleischfarbenes, mit Perlentasseln besticktes Kleid, das dem Publikum den Eindruck vermittelt, sie habe nur Perlen auf nackter Haut an; dazu trägt sie einen Mantel aus Schwanenfedern. Ein Lied wird ein Welthit und schafft es in die internationalen Hitparaden: die deutsche und englische Version von »Sag mir, wo die Blumen sind.«

Nachdem sie 1975 in Australien gestürzt war, zieht sie sich in ihre Pariser Wohnung zurück, alkohol- und tablettensüchtig. Sie lässt außer Familienangehörigen und ihrer Sekretärin niemanden mehr in die Wohnung, verlässt elf Jahre nicht mehr ihr Bett und hält nur über Telefon Kontakt zur Außenwelt. 1987 erscheint ihre

Autobiografie »Ich bin, Gott sei Dank, Berlinerin«. Die Geschichte einer Berlinerin, die stolz darauf war, der Stadt während der schlimmsten Epoche ihrer Geschichte den Rücken gekehrt zu haben. Doch aus ihren Liedern klingt die Sehnsucht nach Berlin.

Marlene Dietrich starb am 6. Mai 1992 in *Paris*, wie es offiziell hieß, an Herz- und Nierenversagen. Eine Freundin sagte jedoch, sie habe nach einem Schlaganfall ihrem Leben mit Tabletten ein Ende gesetzt. Sie wurde in Berlin auf dem *Schöneberger Friedhof* in einem schlichten Grab nahe der Grabstätte ihrer Mutter beigesetzt. Ihre Lieblingsblumen, weißer Flieder, blaue Kornblumen und hellrote Geranien, wurden von den Berlinern, die dem Trauerzug beiwohnten, auf den Leichenwagen geworfen.

Marlene Dietrichs letzte Ruhestätte gehört zu den Ehrengräbern des Landes Berlin. Zu ihrem 100. Geburtstag im Jahr 2001 entschuldigte sich die Stadt offiziell für die Anfeindungen und verlieh ihr postum die Ehrenbürgerschaft.

Berlin hat seinen Frieden mit Marlene gemacht.

BOULEVARD DER STARS 9 ▸ *E6*
Potsdamer Platz, Tiergarten
▶ U- und S-Bahn: Potsdamer Platz

DIETRICH-EHRENGRAB
Grab Nr. 34/16, Stubenrauchstraße 43–45, Friedenau
▶ U- und S-Bahn: Bundesplatz

FILMMUSEUM BERLIN 12 ▸ *E5*
Potsdamer Straße 2, Tiergarten
www.deutsche-kinemathek.de
▶ U- und S-Bahn: Potsdamer Platz

GEDENKTAFEL AM GEBURTSHAUS
Leberstraße 65, Schöneberg
▶ S-Bahn: Julius-Leber-Brücke

WILLY BRANDT

1913–1992

Er war Exilant, Bürgermeister, später auch Bundeskanzler. Unvergessen bleibt der Satz des charismatischen Politikers »Jetzt wächst zusammen, was zusammen gehört.« Er meinte damit sein Berlin.

Kantig sieht er aus, eigenwillig. Keine Stromlinien, wie sie heute auch in der Politik üblich geworden sind. Ein Schwergewicht. 500 Kilo wiegt die 3,40 Meter hohe Bronzefigur im Atrium des *Willy-Brandt-Hauses* 34 *(▸ G 7)* in Kreuzberg an der Wilhelmstraße 140; seit 1996 befindet sich hier der Sitz der Bundeszentrale der SPD. Ein naturgewollter Standort des Willy-Brandt-Denkmals zu Ehren jenes Mannes, der 1969 als erster Sozialdemokrat Bundeskanzler der Bundesrepublik wurde und zuvor ein legendärer Regierender Bürgermeister von Berlin war. Man erkennt ihn sofort. Die steile Stirn, der hohe Haaransatz, das einprägsame Gesicht. Nachdenklich steht er da, bereit zum Gespräch, den rechten Arm beschwörend nach vorn gereckt, die Linke in der Hosentasche.

Die Skulptur ist ein Werk des deutschen Malers und Bildhauers *Rainer Fetting*: *»Ich habe bei der Arbeit an der Skulptur eine Testsituation eher unfreiwillig erlebt, als ich mit dem kleinen Modell über die Straße ging, und ein Arbeiter, der gerade aus dem Super-*

Berlins Regierender Bürgermeister Willy Brandt protestiert am 17. August 1961 gegen den Mauerbau der DDR.

markt kam, prompt sagte: ›Mann, der Willy, Donnerwetter!‹ Das hat mich natürlich sehr gefreut.«

Das Kunstwerk wirkt authentisch und natürlich, die Berliner erkennen ihren Willy darin problemlos wieder. Heute drängen sich Besuchergruppen um die Figur. Begegnungen mit der Geschichte, als Politik noch mit Moral zu tun hatte. Der Willy lebte diesen Anspruch. Als Willy Brandt am 8. Oktober 1992 in

Musealer Rest der Berliner Mauer in der Bornholmer Straße. Wo heute Alltagsleben herrscht, war bis 1989 eine Todesgrenze.

Unkel bei *Bonn* starb, kam es einige Tage später vor dem Brandenburger Tor zu einem spontanen Trauermarsch. Einer der wichtigsten und einflussreichsten deutschen Politiker des 20. Jh. hatte die Bühne verlassen. *Siegfried Lenz* hat ihn so beschrieben: *»Wenn Willy Brandt spricht, scheint mir, wird eine ganz besondere Mühsal deutlich: die Mühsal eines Überzeugungsprozesses, bei dem man sich auf Wörter verlässt. Wer dem Wort so viel zutraut, kann der Verletzlichkeit nicht entgehen. Nicht zuletzt deswegen aber achten wir sein Wort und glauben seiner Rede.«*

Am 18. Dezember 1913 wurde Herbert Frahm, wie sein eigentlicher Name lautete, in *Lübeck* von der Verkäuferin *Martha Frahm* als uneheliches Kind geboren. Seinen leiblichen Vater lernte er nie kennen. Am Rande der Gesellschaft zu stehen, nicht ihr voll anerkanntes Mitglied zu sein, dieses Gefühl kannte der junge Herbert Frahm nur zu gut und hat es nie vergessen. Seine nichteheliche Geburt wurde von politischen Gegnern immer wieder benutzt, um ihn als Person herabzuwürdigen. Er bekannte einmal: »Herkunft und üble Nachrede« hätten ihm »einen Stachel eingepflanzt.«

Er ist ein hervorragender Schüler, seinen Abituraufsatz in Geschichte schreibt er über *August Bebel*. Früh wird er in der sozialistischen Jugendbewegung aktiv, ab 1930 ist er Mitglied der SPD. Bereits mit 15 beginnt er, Artikel für die sozialdemokratische Tageszeitung »Lübecker Volksbote« zu schreiben. 1931 schließt er sich der vom linksoppositionellen Flügel der SPD gegründeten SAP (Sozialistische Arbeiterpartei) an. Als 1933 die Nationalsozialisten die Macht ergreifen, wird die SAP verboten. Herbert Frahm, der illegale Flugschriften verfasst, muss Deutschland verlassen. Er flieht über *Dänemark* nach *Oslo* und nennt sich fortan Willy Brandt. Seine Jugendliebe *Gertrud Meyer* folgt ihm ins norwegische Exil, verlässt ihn aber 1939.

DIE FLUCHT: SPANIEN, NORWEGEN, SCHWEDEN

Willy Brandt verliebt sich in die zehn Jahre ältere *Carlota Thorkildsen*. Sie heiraten im Mai 1941, als die gemeinsame Tochter *Ninja* bereits auf der Welt ist, doch die Ehe zerbricht zwei Jahre später. Willy Brandt lernt schnell Norwegisch. Er verfasst im Exil zahlreiche Artikel und hält so Verbindung zum deutschen Widerstand. 1937 verbringt er während des Bürgerkriegs als Beobachter und Vertreter einer humanitären Hilfsorganisation fünf Monate in *Spanien*. 1938 wird er in Deutschland ausgebürgert und gerät 1940, während der Besetzung Norwegens durch die Deutschen, vorübergehend in Kriegsgefangenschaft. Seine Identität bleibt unerkannt und er flieht nach seiner Entlassung nach *Schweden*.

Nach Kriegsende erhält Willy Brandt das Angebot, Bürgermeister Lübecks zu werden, lehnt es jedoch ab. 1946 geht er nach

Berlin. Er schreibt in einem Brief an *Rut Bergaust*, die zwei Jahre später seine zweite Frau werden wird: *»... mein erster Eindruck bestätigt sich, nämlich, dass Berlin trotz der unvorstellbaren Zerstörungen etwas ganz anderes ist als andere deutsche Städte. Es gibt hier Not und Elend und Verwirrung und Kriminalität. Aber hier gibt es auch ein fruchtbares politisches und kulturelles Leben. Hier spielt es sich ab. Hier erlebt man Europa und einen Großteil von dem, was die Welt bewegt. Ich habe Berlin früher nie gemocht, aber ich glaube, ich werde mich hier wohl fühlen.«*

In Berlin begegnet er einem seiner charismatischen Vorgänger im Bürgermeisteramt: *Ernst Reuter*. Der wird weltberühmt durch seinen dramatischen Appell während der Berlin-Blockade 1948: *»Ihr Völker der Welt! Schaut auf diese Stadt und erkennt, dass ihr diese Stadt und dieses Volk nicht preisgeben dürft und nicht preisgeben könnt!«* Bemerkenswert ist, dass Reuter, der in seiner Rede von einem »Sieg über die Macht der Finsternis« spricht, selbst einmal Kommunist war. Nach seiner russischen Kriegsgefangenschaft im Ersten Weltkrieg schloss er sich 1917 den Bolschewiki an und wurde von Lenin zum Volkskommissar der Wolgadeutschen Republik ernannt.

EIN HERZ UND EINE SEELE MIT ERNST REUTER

1918 kehrte Reuter nach Deutschland zurück, wo er zwei Jahre später in Berlin Erster Sekretär der KPD wurde, die ihn schon 1922 ausschloss, worauf Reuter zur SPD zurückkehrte. Nach seiner Wahl zum Oberbürgermeister von Magdeburg emigrierte er im Dritten Reich über die Niederlande und England in die Türkei, wo er ab 1938 als Professor für Städtebau und Stadtplanung in Ankara wirkte. Nach dem Krieg kehrte Reuter, dessen Sohn Edzard von 1987 bis 1995 als Vorstandsvorsitzender der Daimler-Benz AG eine der mächtigsten Positionen in der deutschen Wirtschaft ein-

Ausstellung für einen legendären Politiker und Berliner Bürgermeister: das Forum Willy Brandt Berlin.

nehmen sollte, nach Berlin zurück; von 1948 bis zu seinem plötzlichen Herztod 1953 regierte er als Bürgermeister die Stadt. Willy Brandt lernt ihn 1946 kennen und bekennt später in seiner Autobiographie, sie seien »fast ein Herz und eine Seele« geworden. Beide haben – quasi Rücken an Rücken – auf dem *Waldfriedhof Zehlendorf* ihre letzte Ruhe gefunden.

Willy Brandt, inzwischen wieder eingebürgert, wird Vertreter des SPD-Parteivorstandes in Berlin. Ab 1949 ist er im Parlament, am 3. Oktober 1957 wird er Regierender Bürgermeister von Berlin. Als am 13. August 1961 die *Berliner Mauer* gebaut wird, sagt er: »Dies war einer der traurigsten Tage, die ich erlebt habe.«

Im Sommer 1963 kommt *John F. Kennedy* zum Abschluss seiner Deutschlandreise nach Berlin. Brandt und Kennedy haben sich bereits vorher getroffen und zwischen den beiden bestehen »von Anfang an freundschaftliche Brücken«, wie Brandt später selber schreibt. Er ist beeindruckt von der Gradlinigkeit des Präsidenten. Auch Kennedy schätzt Brandt sehr. Vor dem *Schöneberger Rathaus* hält er seine berühmte Rede, die in die Geschichte der Stadt eingeht: »I take pride in the words: Ich bin ein Berliner!« Über 300 000 Berliner, die sich vor dem Schöneberger Rathaus versammelt haben, danken es ihm mit Jubelstürmen. Für den damaligen Pressesprecher *Egon Bahr* ist dieser Besuch *»ein nicht wieder erreichter Höhepunkt in der Geschichte der Beziehungen zwischen Deutschland und Amerika«*.

Schon 1961 und 1965 ist Brandt sozialdemokratischer Kanzlerkandidat. Im Wahlkampf werfen ihm politische Gegner die Emigration nach *Norwegen* als Vaterlandsverrat vor und diffamieren ihn wegen seiner unehelichen Geburt. Brandt ist erschöpft und deprimiert. Er verkriecht sich; vom Wesen her grüblerisch und oft schwermütig, fällt er in eine Depression, trinkt viel Alkohol. Diese Phasen gibt es immer wieder in seinem Leben.

Dennoch macht er Karriere, was seinem Charisma zu verdanken ist. 1966 wird er in der Großen Koalition von CDU und SPD Vize-Kanzler und Außenminister. Und 1969 wird Willy Brandt als erster Sozialdemokrat Bundeskanzler einer sozialliberalen Regierung. Seine Politik setzt außenpolitische Meilensteine. Er unterzeichnet den Warschauer Vertrag über die Unverletzlichkeit der faktischen polnischen Grenzen und besucht 1970 das ehemalige Ghetto in *Warschau.* Bei der Kranzniederlegung am Mahnmal fällt er spontan auf die Knie. Brandt schreibt in seinen »Erinnerungen«: *»Am Abgrund der deutschen Geschichte und unter der Last der Millionen Ermordeten tat ich, was Menschen tun, wenn die Sprache versagt.«* Für seine Ostpolitik erhält Brandt 1971 den Friedensnobelpreis.

Als im April 1974 *Günter Guillaume*, Brandts Referent für Partei- und Gewerkschaftsfragen im Kanzleramt, als DDR-Spion entlarvt und verhaftet wird, tritt Willy Brandt zurück. Es wird vermutet, dass Brandt gesundheitlich angeschlagen war und Teile der Partei, angeführt von *Herbert Wehner*, gegen ihn intrigiert hatten.

1980 lässt Willy Brandt sich nach 32-jähriger Ehe von Rut Brandt scheiden und heiratet im Dezember 1983 seine dritte Frau *Brigitte Seebacher*. Am 10. November 1989 gehört er zu den Rednern bei der zentralen Kundgebung zur Maueröffnung vor dem *Schöneberger Rathaus* in Berlin. Er ist tief bewegt und hat Tränen in den Augen, als er die unvergessenen Worte spricht: »Jetzt wächst zusammen, was zusammen gehört.«

Nach Willy Brandts Krebstod 1992 wird er auf dem *Zehlendorfer Waldfriedhof* in einem Ehrengrab beigesetzt. Doch er ist nach wie vor in Berlin gegenwärtig. Als Denkmal und in den Erinnerungen der Berliner. Bisweilen sieht man in der Stadt seinen Sohn *Matthias Brandt* (geb. 1961), der in Berlin lebt und zu den renommiertesten Schauspielern des Landes zählt.

BRANDT-EHRENGRAB
Waldfriedhof Zehlendorf
Potsdamer Chaussee 75, Nikolassee
▶ S-Bahn: Nikolassee

FORUM WILLY BRANDT 13 ▸ *F4*
Unter den Linden 62-68, Mitte
www.willy-brandt.de
▶ U- und S-Bahn: Brandenburger Tor, Friedrichstraße

RATHAUS SCHÖNEBERG
John F. Kennedy-Platz 1, Schöneberg
▶ U-Bahn: Rathaus Schöneberg

WILLY-BRANDT-HAUS 34 ▸ *G7*
Wilhelmstraße 140, Kreuzberg
www.willy-brandt-haus.de
▶ U-Bahn: Hallesches Tor

HILDEGARD KNEF

1925–2002

Sie sang: »Ich will.« Und sie bekam viel, wurde Schauspielerin, Sängerin, Autorin – in allen Rollen hatte »Hildchen« Welterfolge. Von Berlin konnte sie nie ganz lassen. Es war ihre größte Liebe.

Es gibt sie noch und sie wirkt schon ein bisschen gespenstisch, die knefeske Burleske mit viel Musik. Große, dunkle Sonnenbrille, weißblonde Pagenfrisur, Rüschenbluse: So kommt die greise Irmgard Knef auf die Bühne, langsam, ein bisschen steif im Gang. Sie singt Chansons, erzählt aus ihrem Leben und von ihrer Karriere. Hauptsache, es geht »immer nur bergab«. Ganz anders als bei ihrer imaginären Schwester Hildegard, die weltberühmt wurde. Irmgard Knef ist die verkannte und vergessene Zwillingsschwester, eine fiktive Bühnenfigur, mit der der Berliner Kabarettist und Sänger *Ulrich Michael Heissig* auftritt – und so Hilde weiterleben lässt. Er spielt diese Überlebenskünstlerin mit Witz und Ironie, imitiert das Timbre von »Hildchen«, ihren Tonfall und das Verschlucken von Silben, ihre unverkennbare Berliner Schnauze. Irgendwie steht auf einmal die echte Knef auf der Bühne. Ihre brüchige Stimme lässt keinen anderen Schluss zu.

Hildegard Frieda Albertine Knef wird am 28. Dezember 1925 in *Ulm* geboren. Ein halbes Jahr später stirbt ihr Vater und Mutter

Hildegard Knef macht rasch Karriere, in Berlin und in den USA. Ein Foto von Kurt Schraudenbach.

Frieda Auguste Knef zieht mit dem Säugling in ihre Heimatstadt Berlin zurück. Im Winter wohnen sie in einer Mietwohnung in *Schöneberg*, im Sommer darf sie oft zu ihrem Großvater, zu dem sie zeitlebens ein inniges Verhältnis hat, in die Laube aufs Land. Als die Großmutter stirbt, kündigt die Mutter ihre Stelle als Sekretärin bei Siemens, kauft einen Zigarren-, dann einen Schokoladenladen, um häufiger in der Nähe ihrer Tochter zu sein. 1933

Der neue Star: Hildegard Knef mit Gregory Peck 1952 im Hollywood-Film »Schnee am Kilimandscharo«.

heiratet sie *Wilhelm Wulfestieg*. Die Familie zieht nach *Friedenau*, der neue Vater eröffnet am Bahnhof Wilmersdorf eine »Schuhbesohlanstalt«. Drei Jahre später kommt Halbbruder *Heinz* zur Welt. Die kleine Hildegard ist künstlerisch begabt und fängt als Achtjährige an, Porträts zu zeichnen. Sie besucht das *Rückert-Lyzeum* in *Schöneberg*. Mit 15 Jahren schließt sie mit der mittleren Reife die Schule ab, will Künstlerin werden und beginnt 1942 eine Ausbildung als Trickfilm-Zeichnerin bei der UFA.

»Mit sechzehn sagte ich still, ich will, will groß sein, will siegen, will froh sein, nie lügen. Mit sechzehn sagte ich still, ich will, will alles, oder nichts …« Dieses Lied wird zu einem Leitsatz im Leben der Hildegard Knef. Mit 17 Jahren bewirbt sie sich gegen den Willen ihrer Mutter an der Schauspielschule und spricht im Babelsberger UFA-Besetzungsbüro vor. Bei dessen Leiterin *Else Bongers* hinterlässt die junge Knef einen so nachhaltigen

Eindruck, dass sie mit ihr eine lebenslange Fürsprecherin und Freundin gewinnt. Nachdem sie in der Kantine auch noch den UFA-Chef anspricht, um ihn von ihrem Talent zu überzeugen, bekommt sie am nächsten Tag einen Dreijahresvertrag für die Staatliche Filmschule. Sie will unbedingt Schauspielerin werden und lehnt sogar Nazi-Rollen nicht ab – ein entscheidender Unterschied zu ihrer späteren Freundin *Marlene Dietrich*. Mit 19 Jahren fängt sie ein Verhältnis mit *Ewald von Demandowsky* an, dem nationalsozialistischen Produktionschef der Filmgesellschaft Tobis. Als dieser im Februar 1945 zum Volkssturm muss, überredet sie ihn aus Angst vor den Russen zur Fahnenflucht; sie verkleidet sich als Soldat und begleitet ihn. Schon bald kommen sie in ein russisches Kriegsgefangenenlager, Hildegard Knef gelingt es, nach drei Monaten zu entkommen, und sie kehrt allein ins ausgebombte Berlin zurück.

»DIE SÜNDERIN« WIRD ZUM SKANDAL

Der Regisseur und Intendant *Boleslaw Barlog* holt die 19-Jährige ans *Schlosspark Theater* in *Steglitz*, wo sie mit dem Kabarettprogramm »Heute Abend um sechs« auftritt. Hier wird sie für den Film entdeckt und bekommt die Hauptrolle im ersten deutschen Nachkriegsfilm »Die Mörder sind unter uns«. »A new German star was born« berichtet begeistert das US-Magazin »Life«. Am 15. Dezember 1947 heiratet sie *Kurt Hirsch* in Berlin-Dahlem (St. Annen-Kirche). Ihr wichtigster Ratgeber und Freund, der Filmproduzent *Eric Pommer*, ist einer der Trauzeugen. Das Ehepaar zieht nach Amerika, wo Hirsch Schauspielagent ist.

Mit dem Film »Die Sünderin« sorgt Hildegard Knef vorher für Furore. Ihre Rolle als eine junge Frau, die in den Wirren der Nachkriegszeit zur Prostituierten wird und erst durch die Liebe zu einem todkranken Maler wieder auf den rechten Weg findet, erregt die Gemüter. Eine kurze Nacktszene als Modell eines Malers führt zum ersten Filmskandal im Nachkriegsdeutschland. Gleichzeitig wird bekannt, dass Hildegard Knef sich auf ein Verhältnis mit dem amerikanischen Regisseur *Anatole Litvak* eingelassen hat. Die Ehe mit Kurt Hirsch wird 1952 geschieden.

In den USA dreht sie sieben weitere Filme. Durch den Streifen »Schnee am Kilimandscharo«, in dem sie zwei Lieder von *Cole Porter* singt, beeindruckt sie den Komponisten so, dass er ihr die weibliche Hauptrolle in einer Musical-Version des Theaterstücks und Kinofilms »Ninotschka« gibt. Mit 28 Jahren unterschreibt sie den Vertrag und wird die erste Deutsche, die nach dem Krieg in einer Hauptrolle auf einer Broadway-Bühne steht, ohne perfektes Englisch und ohne Stimme, mitten im von jüdischen Künstlern, Musikern, Produzenten und Regisseuren dominierten Theaterdistrikt. »Die größte Sängerin ohne Stimme« nennt sie *Ella Fitzgerald*.

SIE SINGT, DAS HEISST: SIE SPRICHT MUSIK

1956 wird Hilde auf eigenen Wunsch und aufgrund eines ärztlichen Attests vorzeitig aus dem Vertrag entlassen. Erschöpft und auf 44 Kilo abgemagert kehrt sie gemeinsam mit ihrer Mutter, die seit Februar 1955 bei ihr in New York lebt, nach Europa zurück, erholt sich in *St. Moritz* und beginnt wieder, zu malen. Anschließend ziehen sie in eine Drei-Zimmer-Wohnung in *Berlin-Westend*, später in eine Villa in *Dahlem*.

»Willkommen an den UFAn der Spree« wurde sie bei ihrer Rückkehr aus den USA von den Berlinern am Flughafen Tempelhof begrüßt. Doch die UFA hilft ihr nicht mehr im Filmbusiness. »Die Sünderin« hat ihre Karriere in Deutschland verdorben. 1959 lernt sie bei Dreharbeiten in London den charmanten, verheirateten Schauspieler *David Cameron* kennen und glaubt, endlich den Mann fürs Leben gefunden zu haben. Dem jungen Briten geht

Das Theater des Westens: Hier feierte Hildegard Knef 1987 als Fräulein Schneider in »Cabaret« ein großartiges Bühnen-Comeback.

es ähnlich, ihn stören weder die häufigen negativen Schlagzeilen über die Knef noch ihre Starallüren. Er lässt sich scheiden, die beiden heiraten und ziehen nach *Zehlendorf*. Bald darauf erkrankt die Schauspielerin an Meningitis.

Aufwärts ging es mit Hildegard Knef wieder, als sie eine zweite Karriere als Chansonsängerin beginnt. Ihre erste Solo-Fernsehshow wird am 16. Mai 1963 vom ZDF ausgestrahlt, drei Monate später kommt ihre erste eigene Langspielplatte »So oder so ist das Leben« auf den Markt. Sie feiert große Erfolge, geht mit ihren selbst geschriebenen Liedern auf Tournee. In Berlin tritt sie – nicht zuletzt aufgrund ihrer Freundschaft mit *Herbert von Karajan* – in der *Berliner Philharmonie* auf. Ihre Langspielplatte »Die neue Knef-Tournee Live« hält sich 20 Wochen lang in den Charts, Musikjournalisten wählen sie zur besten Interpretin des Jahres. Die mit rauchiger Stimme vorgetragenen Lieder erreichen Kultstatus. Darin erzählt sie Geschichten vom Überleben, von Ängsten, vom Alltag, von Glück und Unglück. Manchmal schnoddrig berlinerisch, meistens mit einem guten Schuss Sentimentalität. In ihrem Lied »Für mich soll's rote Rosen regnen …« fordert sie Glück und Erfolg, es folgen Schicksalsschläge.

Als Hildegard Knef im November 1967 erfährt, dass sie schwanger ist, gerät die Ehe mit David Cameron in eine Krise. Sieben Wochen vor dem errechneten Termin kommt am 16. Mai 1968 durch eine Notoperation ein Mädchen zur Welt. Erst nach fünf Wochen sieht sie ihre Tochter *Christina Antonia* (Tinta) zum ersten Mal im Brutkasten. Nach der Geburt wird Hildegard Knef immer häufiger krank, diverse Operationen folgen.

TOURNEEN, BÜCHER, KRANKHEITEN, ALKOHOL

Doch schon im Frühjahr 1969 beginnt Hildegard Knef ihre dritte Karriere – als Autorin. Sie schreibt die Autobiografie »Der geschenkte Gaul«, von Kritikern als intelligent, humorvoll und unsentimental gelobt. Das Buch wird ein Weltbestseller. 1976 wird ihre Ehe mit David Cameron geschieden. Bald darauf lernt sie *Paul Freiherr von Schell* kennen, einen 15 Jahre jüngeren Amerikaner ungarischer Herkunft, den sie bald heiratet und mit ihm in eine Villa nach *Dahlem* zieht.

1980 startet Hildegard Knef erneut in der *Berliner Philharmonie* eine Welttournee. Diesmal wird es kein Erfolg. 1982 bricht die inzwischen 56-jährige Diva zusammen. Verärgert über die Deutschen zieht sie mit ihrem Mann und ihrer inzwischen 14-jährigen Tochter nach Hollywood und schreibt die Bücher »So nicht« und »Romy – Betrachtung eines Lebens«.

Ende 1989 die Rückkehr nach Deutschland, zuerst nach *München*, dann nach Berlin. Inzwischen hat der Star hohe Schulden, auch durch enorme Krankenhauskosten. Ihre Konten werden gesperrt. Alkohol und Tabletten entkräften sie immer mehr. Zuletzt kann sie sich nur noch im Rollstuhl bewegen. Sechs Jahre später stirbt Hildegard Knef in der Nacht zum 1. Februar 2002 im Alter von 76 an einer Lungenentzündung.

Mit Berlin verband sie viel, mehr als nur ihre Willenskraft und ihr Durchhaltevermögen. Es muss Liebe gewesen sein, als sie folgende Zeilen – mit *Charly Niessen* – über ihre Stadt schrieb:

»Berlin, dein Gesicht hat Sommersprossen, und dein Mund ist viel zu groß. Dein Silberblick ist unverdrossen, doch nie sagst du: Was mach' ich bloß? Berlin, du bist die Frau mit der Schürze, an der wir unser Leben lang zieh'n. Berlin, du gibst dem Taufschein die Würze und hast dein ›Na und‹ als Rettungsring verlieh'n. Berlin, dein Gesicht hat Dackelfalten, doch was wärst du ohne sie? Wer hat dich bloß so jung gehalten, denn zum Schlafen kommst du nie. Berlin, mein Gemüt kriegt Kinderaugen, und mein Puls geht viel zu schnell, nimmst du mich voller Selbstvertrauen an dein verknautschtes Bärenfell.«

BOULEVARD DER STARS 9 ▸ *F6*
Potsdamer Straße, Mitte
▶ U- und S-Bahn: Potsdamer Platz

HILDEGARD-KNEF-PLATZ
Fernbahnhof Südkreuz, Schöneberg
▶ S-Bahn: Südkreuz

KNEF-EHRENGRAB
Waldfriedhof Zehlendorf
Potsdamer Chaussee 75, Nikolassee
▶ S-Bahn: Nikolassee

THEATER DES WESTENS
Kantstraße, Charlottenburg
www.stage-entertainment.de
▶ U- und S-Bahn: Zoologischer Garten

HARALD JUHNKE

1929–2005

Was für ein Leben voller Höhen und Tiefen! Er war Schauspieler, Sänger, Entertainer. Für die Berliner war er einer der ihren, mit Schwips, Schnauze und Herz. Sein Tod stimmte eine ganze Stadt traurig.

Beschwingt, beschwipst, mutig, ja übermütig und kess schlawinerte er durch die Stadt. Die Berliner Schnauze immer im Wind. Er kämpfte und trickste um neue Rollen, mal rotzfrech, mal unverschämt, aber niemand konnte ihm böse sein. Barfuß oder Lackschuhe, Sekt oder Selters, so einfach war sein Motto. Von Champagner und anderen Getränken hatte er eh mehr als genug. Am Ende scheiterte er am satten, prallen Leben. Als er starb, war ganz Berlin traurig und wusste nicht so recht, ob es einen Clown oder eine tragische Figur verloren hatte, ein Genie oder einen Hallodri. Vermutlich war er von allem etwas.

Im Gaddafi-Zelt fühlte er sich am wohlsten. Hier konnte er über Parodien nachdenken, über seine Ziele und sein Leben. Hier konnte er in Ruhe seine Zigarre rauchen. Das Gaddafi-Zelt befand sich nicht in Libyen, es stand im Berliner Villenviertel *Grunewald*, im Garten des Entertainers Harald Juhnke. Ein weißes Zelt auf Stelzen, wie man es in den Sommermonaten häufig findet. Direkt neben dem Swimmingpool der Villa war es aufgestellt. Erst sollte

Ein Lächeln und die unvermeidliche Zigarre: der Entertainer Harald Juhnke 1995. Zu dieser Zeit waren seine Skandale schon Tagesthema.

es Hollywood-Laube heißen. Als jedoch Sand von der Straße auf das Grundstück wehte, nannte es Juhnke Gaddafi-Zelt.

Auch den Journalisten *Harald Wieser* empfing Juhnke dort, um mit ihm gemeinsam das Buch seines Lebens zu schreiben. Eine Biographie, die Einblicke in die Höhen und Tiefen seines Lebens geben sollte. Mit Wieser freundete er sich an; er bestimmte ihn sogar als Sargträger für den Fall seines Todes. Das Buch erschien

Das Maxim Gorki Theater in der Dorotheenstadt. Auch hier trat Harald Juhnke zu Beginn seiner Karriere auf.

1998, Harald Juhnke verstarb sieben Jahre später in einem Pflegeheim in der Nähe von Berlin. Seine Karriere endete bereits am 11. Dezember 2001, als sein langjähriger Manager *Peter Wolf* der Presse erklärte, dass Harald Juhnke nie wieder als Schauspieler arbeiten könne und eine Rückkehr auf die Bühne ausgeschlossen sei. Kurz darauf wurde er wegen seiner Demenzerkrankung in ein Pflegeheim in Brandenburg eingeliefert.

Hinterlassen hat Juhnke einen bunten Strauß an Begegnungen und Erfahrungen, die ihn mit Berlin verbinden. Er war Aufsteiger im Nachkriegsdeutschland und schaffte es aus dem *»Roten Wedding«* in den *Grunewald*. Er kannte alle Theater-, Film- und Fernsehgrößen in Berlin und später in ganz Deutschland. Er lernte bei *Erik Ode*, kickte mit *Götz George* im Garten der Familie George am *Wannsee*, trank mit *Bubi Scholz*, flirtete mit *Romy Schneider*, wurde von *Hans Albers* in Sachen Frauen unterrichtet. Als Kind hatte er noch Zilles »Milljöh« kennengelernt, dann die Verbote und Entbehrungen im Zweiten Weltkrieg. Jetzt wollte seine Generation die wiedergewonnene Freiheit auskosten.

Das Leben Harald Juhnkes ist ein Spaziergang durch das 20. Jh., ein Schnelldurchlauf durch die 30er-Jahre, den Krieg, vor allem aber durchs Nachkriegsdeutschland, mit allem, was dazugehört: Schwarzmarkt, Swing, Bars, neue Chancen, Möglichkeiten und Verlockungen. Es führt ihn vom *Wedding* über den *Ku'damm* in den *Grunewald*, von Ostberlin nach Westberlin, vom *Maxim Gorki Theater* *(▸ H 4/5)* zum *Schlosspark Theater* nach *Steglitz*. Es hat Höhen und Tiefen, Begegnungen mit Film- und Showgrößen machen es zu einer Geschichte mit tragischem Ende.

Harald Juhnke wird am 10. Juni 1929 in *Charlottenburg* geboren. Er ist der Sohn eines Polizeibeamten und einer Bäckerstochter. Die Familie wohnt in einer winzigen Wohnung mit Gemeinschaftstoilette im Treppenhaus, in einer Mietskaserne im damaligen Arbeiterbezirk *Wedding*. *»Vor dir sollen auch die Leute auf dem Ku'damm eines Tages ihre Hüte ziehn, Harry«*, sagt sein Vater bei den Sonntagsspaziergängen an der Panke.

DER VATER WAR SEIN BESTER FREUND

Harald Juhnke hat eine enge Bindung zu seinem Vater: *»Er war mein bester Freund, vielleicht sogar mein einziger … Jeden zweiten Sonntag hat er mich noch als 83-Jähriger besucht. Ohne ihn wäre ich nicht geworden, was ich heute bin. Seine Mitgift war: Ermutigung.«* In seiner Stammkneipe *Kachel-Eck* im Wedding, die es auch heute noch gibt (Drontheimerstraße 1), hatte Juhnkes Vater seit Haralds Showpremiere bei »Musik ist Trumpf« ein Bier und ein Schnäpschen frei.

Er erfüllte die Erwartungen des Vaters: Alle Leute kennen und feiern ihn. Ihm gelingt der Aufstieg vom *Wedding* in den *Grune-*

wald, wo so viele Künstler, die zu Ruhm kamen, ihren Wohnsitz haben. Hier verbringt er die meiste Zeit seines Privatlebens mit seiner zweiten Frau in der *Lassenstraße 1*. Auch »die Gang« um Harald Juhnke lebte hier: sein Freund, der Boxer *Gustav »Bubi« Scholz* (Am Rupenhorn 9), der Schauspieler und Regisseur *Harry Meyen* und *Hardy Krüger*.

Obwohl seine Eltern ihn aufs Gymnasium schicken, geht er vor dem Abitur von der Schule ab, um die Straße zu studieren – im Nadelstreifenanzug mit Nelke im Knopfloch und Hut.

Nach dem Krieg, aus dem Harry gesund zurückgekehrt war, bringen die Amerikaner den Swing nach Berlin und in Juhnkes Leben: *»Glenn Miller wurde zu meiner nicht nur körperlichen Entnazifizierung. Seine Musik machte aus mir einen zeitlebens verrückten Deutschen.«* Bis er das Theater für sich entdeckt und beschließt, Schauspieler zu werden. *Hans Söhnker*, der damals am Berliner *Schlosspark Theater* spielt, schickt ihn zum Schauspielunterricht zu *Marlise Ludwig*, wo er auf Mitschüler wie *Cornelia Froboess* und *Klaus Kinski* trifft.

AM LIEBSTEN SPIELT ER DIE SCHRÄGEN VÖGEL

Bereits dreieinhalb Monate später steht er am 9. November 1948 erstmals auf einer Bühne: Im heutigen *Maxim Gorki Theater* *(▸ H 4/5)* in Mitte (damals »Haus der Kultur der Sowjetunion«) spielt er in dem Revolutionsstück »Ljubow Jarowaja« einen russischen Offizier. Hier wird das Talent von »Harriken« entdeckt, wie ihn sein Vater liebevoll nennt. Es folgen Engagements an *Freier Volksbühne, Theater am Kurfürstendamm, Hebbel-Theater* *(▸ G 7)*, *Hansa-Theater, Renaissance-Theater, Komödie, Schlosspark Theater*.

Den strahlenden Held spielt er nicht gern, denn »ick bin ja selber keener!« Doch *»die schrägen Vögel, deren dicker Kummer und*

Ehrengrab für einen unvergessenen Berliner: Harald Juhnke ruht auf dem Waldfriedhof Dahlem.

deren dünner Witz dem Publikum etwas von der Menschenseele zeigen«, die liegen ihm. Bekannt wird Juhnke durch seine Theaterengagements, später durch seine Auftritte als Entertainer, seine Filme und seine Eskapaden im Vollrausch. Seine Alkoholkrankheit versucht er immer wieder zu bekämpfen, und sein Publikum bleibt ihm in allen Höhen und Tiefen treu.

Seine ersten Spielfilme wertet Juhnke selbst als »Deppenkino«. Meist spielte er das Stehaufmännchen, das sich pfiffig durch die Welt schlägt. In seinem Buch »Meine sieben Leben« schreibt Juhnke, was ihn an diesem »Deppenkino« motiviert: *»Wenn das Telefon klingelte und irgendeine halbseidene Figur bot mir eine Filmrolle an, interessierten mich in den fünfziger Jahren nur drei Fragen: Wie hoch ist die Gage für den Quatsch? Wie hübsch sind meine Partnerinnen? Wo wird der Heuler runtergespult, wie sonnig ist es dort?«*

Ab 1977 ist Juhnke häufig mit Serien wie »Ein verrücktes Paar« mit *Grit Böttcher* im Fernsehen zu sehen. 1979 beginnt die Ära Juhnke als Entertainer im Fernsehen. Er wird Nachfolger des verstorbenen Peter Frankenfeld und moderiert die damals äußerst beliebte Show »Musik ist Trumpf«. Bis zu 30 Millionen Zuschauer schalten am Samstagabend ein. In Smoking und Lackschuhen eifert er seinem großen Vorbild *Frank Sinatra* nach. »Berlin, Berlin« singt er zu der Melodie von »New York«, denn ohne Berlin könnte er nicht leben. Häufig trägt er Songs über sich selbst vor wie den »Entertainman«, oder er spielt Sketche über Säufer. Er bezeichnet sich als »Onkel Fritz für Deutschland«, jenen Onkel, der sich auf Familienfesten zwar immer ein wenig danebenbenimmt, der aber lustig und beliebt ist.

AM SCHLUSS KOMMEN DIE GROSSEN ROLLEN

Neben seinen Engagements in der Unterhaltungsbranche synchronisiert Juhnke weltbekannte Schauspieler wie *Marlon Brando*, *Charles Bronson*, *Peter Sellers* oder *Woody Allen*. In den 90er-Jahren feiert er schließlich ein Comeback als Filmschauspieler, nicht mehr mit »Deppenrollen«, sondern als Charakterdarsteller. Die Filme »Schtonk!«, »Der Papagei« (beide 1992) und »Der Hauptmann von Köpenick« (1997) bringen ihm begeistertes Kritikerlob ein. Den krönenden Abschluss schafft er mit der Hauptrolle in dem Film »Der Trinker« nach *Hans Fallada*. Juhnke spielt den alkoholkranken Hochstapler anrührend und äußerst glaubwürdig. Nach der Ausstrahlung, die Juhnke sich zu Hause ansieht, klingelt das Telefon einige Male. *»In diesen kurzen, schönen Momenten hatte ich, was ich sonst im Leben vermisse: Freunde, private Freunde. Denn die Anrufer litten mit mir.«*

Der Schauspieler Harald Juhnke verkörpert die Berliner Schnoddrigkeit. Mit frechem Grinsen und Dackelblick sichert er sich seine Beliebtheit beim Publikum, das ihn so lange am Leben hält, bis er nicht mehr kann und sich verabschieden muss. Am 1. April 2005 stirbt Harald Juhnke im Alter von 75 Jahren und wird nach der Trauerfeier in der Berliner Gedächtniskirche auf dem *Waldfriedhof Dahlem* im engsten Familienkreis beigesetzt.

Der Showmaster *Thomas Gottschalk* erweist ihm in seiner Trauerrede die letzte Ehre: *»Man ist als Kollege nie hundert Prozent ohne Neid. Aber wenn Juhnke auftrat, konnte keiner von uns auf die Idee kommen, es besser zu können, ja mehr noch, es kam nicht mal der Gedanke auf, es besser machen zu wollen, weil er alles richtig machte und man einfach nur Zuschauer sein wollte ... Wir wollen uns an einen großen Unterhalter erinnern, der den Menschen in den vielen Jahren seiner Karriere viele glückliche Stunden geschenkt hat. Dabei hat er mit seiner Kunst das Beste aus ihnen herausgeholt: echte Gefühle. Das Publikum hat über den Entertainer gelacht und geweint, es hat den Menschen bewundert und mit ihm gelitten ... Harald Juhnke war ein Held der kleinen Leute gewesen, er hat ihnen viel gegeben, und ich bin überzeugt, Harald, Du wirst den Lohn dafür erhalten.«*

Die Rückseite seines Grabes ziert eine Inschrift von Max Reinhardt, die immer wieder die Friedhofsbesucher zu Tränen rührt: *»Der wahre Schauspieler ist von der unbändigen Lust getrieben, sich unaufhörlich in andere Menschen zu verwandeln, um in den Anderen am Ende sich selbst zu entdecken.«*

JUHNKE-EHRENGRAB
Waldfriedhof Dahlem
Hüttenweg 47, Zehlendorf
▶ U-Bahn: Oskar-Helene-Heim

JUHNKE-GEDENKSTEIN
Fordoner Straße, Gesundbrunnen
▶ S-Bahn: Wollankstraße

SCHLOSSPARK THEATER
Schloßstraße 48, Steglitz
www.schlosspark-theater.de
▶ U- und S-Bahn: Rathaus Steglitz

MANFRED KRUG

geb. 1937

Er kam aus dem Westen, ging in den Osten und wieder zurück. Der Schauspieler, Sänger und Autor hat keine Geschichte geschrieben, sondern die Geschichte einer geteilten Stadt hautnah miterlebt.

Denkmäler hat er noch nicht hinterlassen, Gedenktafeln ihm zu Ehren gibt es auch nicht. Geeignet dafür wäre eine Tafel an seinem früheren Haus in *Pankow*, wo er 1976 mit Kollegen und Parteifunktionären über die Ausbürgerung des Dichters *Wolf Biermann* diskutierte. Am Nachmittag des 20. November 1976 dürfte das Haus von Manfred Krug und seiner Familie zu den bestbewachten Immobilien Ost-Berlins gehört haben. Auch in den Monaten danach gaben sich Freunde, Künstler, Intellektuelle und manchmal sogar Parteifunktionäre die Klinke in die Hand, um mit ihm über Biermann und später über den eigenen Ausreiseantrag zu sprechen. So beschreibt er selbst die damalige Situation (in seinem Buch »Abgehauen«).

Auch die *Cantianstraße* am *Prenzlauer Berg*, wo er mit seinem Freund, dem Schriftsteller *Jurek Becker* in einer Wohngemeinschaft lebte, wäre für eine Gedenktafel prädestiniert. Die beiden waren jahrelang beste Freunde, auch als sie längst verheiratet waren und Familien gegründet hatten. Becker, der ein Jahr nach

Manfred Krug im Jahr 2000. Auf seiner Stirn ist die Narbe zu sehen, die von einer Verletzung in einem DDR-Stahlwerk stammt.

Krug die DDR verließ, schrieb später Drehbücher für die Fernsehserie »Liebling Kreuzberg« und passte die Hauptfigur dem Charakter seines besten Freundes an. Krug revanchierte sich bei Becker mit einem Buch: über jene Postkarten, die sich die Freunde über Jahrzehnte geschrieben hatten. Ein Foto hängt sicher in seinem Stammlokal *Diener Tattersall* in Charlottenburg. Da tritt er nicht nur als Sänger auf, da geht er auch gern privat hin.

Die Altberliner Künstlerkneipe Diener Tattersall in Charlottenburg: Hier verkehren viele Schauspieler, auch Manfred Krug.

Manfred Krug repräsentiert das Leben eines Stars im Osten und Westen Deutschlands gleichermaßen: 1937 in *Duisburg* geboren, zieht er als Zwölfjähriger, nach der Trennung seiner Eltern, mit seinem Vater in die frisch gegründete DDR. An diversen Schulen kämpft er sich durch. Die Dickköpfigkeit und das Durchsetzungsvermögen hat er angeblich seinem Vater zu verdanken. Mit 17 Jahren wird er der jüngste Stahlschmelzer der DDR, nebenbei macht er das Abitur an einer Abendschule. Er arbeitet fünf Jahre im Stahlwerk und trägt etliche Narben davon, wie etwa an der Stirn durch einen Spritzer flüssigen Stahls.

Entgegen den Erwartungen seines Vaters geht er 1954 nach Berlin an die Schauspielschule. Schon bald wird er von der Schule »entfernt«, nicht wegen mangelnden Talents, sondern wegen seiner Aufmüpfigkeit und Unbeherrschtheit. Er bewirbt sich bei *Bertolt Brechts Berliner Ensemble* **5** *(▸ G 3)*, dem renommiertesten

Theater der DDR, und bekommt einen Vertrag als Eleve bis 1957. Danach geht er zum Film und schafft 1961 mit »Auf der Sonnenseite« als Schauspieler den Durchbruch. Parallel fängt er an, Jazz-Konzerte zu geben und auf Tourneen zu gehen. 1966 gerät Krug erstmals mit dem Staat in Konflikt, als der Kinofilm »Spur der Steine« mit ihm in der Hauptrolle gedreht wird. Noch vor der Premiere wird der Film verboten, weil er sozialismuskritisch ist. »Und ich bin Pittiplatsch, der liebe«, wird einer der schönsten Krug-Sätze in seiner Rolle als »Balla«. Pittiplatsch war eine Figur aus dem DDR-Kinderfernsehen, ein liebenswerter, kleiner Kobold, neugierig und verschmitzt. Ganz anders als der wahre Manfred Krug, doch vielleicht auch ähnlich.

»ICH BIN EIN WEICHTIER, EINE NACKTSCHNECKE«

Klein und zart wirkt der massige Krug nicht gerade, doch sein Freund Jurek Becker bezeichnete ihn als einen der verletzlichsten Menschen, die er kennt. Vorwärtsverteidigung ist seine Devise bei jedweder Kritik, denn da ist er empfindlich. *»Ich weiß, dass ich auf andere oft den Eindruck einer starken Persönlichkeit gemacht habe, die ich nicht bin …«*, erklärt er in einem seiner Bücher. *»Ich bin ein Weichtier, eine Nacktschnecke. Ihr habt mich alle nicht heulen sehen über ein paar Töne von Ella Fitzgerald oder über ein Erdbeben im Fernsehen. Viele haben sich Rat von mir geholt und nicht bemerkt, dass sie auch mich beraten und beeinflusst haben, du – Frank Beyer – am allermeisten.«*

Die Hauptfigur des »Balla« hat Krug sich ausgedacht, in Absprache mit dem Regisseur *Frank Beyer*, der prompt zwei Jahre aus dem Verkehr gezogen wird. Dazu sagt Krug später: *»Der Sozialismus war so feige und so grau und so ängstlich. Das war ja das Furchtbarste an ihm. Den Film betrachte ich heute noch als den besten, an dem ich die Ehre hatte, mitzuwirken. Da konnte ich alles* *zeigen und machen, was ich als Typ konnte. Ich musste mich nicht wahnsinnig verstellen.«*

An der *Komischen Oper* *(▸ G 4)* spielt Krug ab 1970 sechs Jahre in George Gershwins »Porgy und Bess«. Zusammen mit dem Komponisten *Günther Fischer* veröffentlicht er daneben mehrere Schallplatten mit anspruchsvollen Schlagern. Die Texte schreibt er unter dem Pseudonym Clemens Kerber.

1976 änderte sich das Leben des DDR-Stars grundlegend: Am Abend des 19. Novembers versammelt Krug einige Schriftsteller und Schauspielfreunde in seinem Haus in *Pankow* und stellt ihnen einen Brief gegen die Ausbürgerung Biermanns vor. Die meisten von ihnen unterschreiben am selben Abend. Am nächsten Tag kommt es zu einem weiteren Treffen mit prominenten DDR-Künstlern und hohen SED-Funktionären bei Krug. Er will den Parteigrößen die Haltung der Künstler begreiflich machen und zeichnet das Gespräch, das am Widerstand der Funktionäre scheitert, heimlich auf.

ZUR NOT WIRD ER AUCH MAL HANDGREIFLICH

Nach diesem fruchtlosen Treffen, sieht Krug keine andere Möglichkeit, als selbst einen Ausreiseantrag zu stellen. Darin heißt es: *»Ich bin nach wie vor davon überzeugt, dass es verschiedene Meinungen geben muss und dass es nicht verboten sein darf, sie öffentlich auszutragen. Ich bin davon überzeugt, dass Biermann unserem Land fehlt. Nach meinen Erfahrungen sehe ich keine Chance, hier weiter zu existieren … Nach reiflichem Bedenken beantrage ich für meine Familie und mich die Ausreise aus der DDR in die BRD, wo meine Mutter und mein Bruder leben.«*

Monatelange Repressalien des Staates sind die Folge: Die Stasi überwacht ihn, stört seine Konzerte, lässt den Kartenverkauf nur eingeschränkt zu, Filmangebote bleiben aus. Seine Karriere in

Der Admiralspalast, das ehemalige Metropol-Theater in Mitte. Hier trat Manfred Krug als Jazzsänger auf.

der DDR ist beendet. 1976 folgt ein Teilberufsverbot. Als ein Stasi-Spitzel ihn dann noch beschimpft und ihm unterstellt, Westgeld beiseite geschafft zu haben, schlägt er den Mann nieder. Das berufliche und private Leben des Manfred Krug verändert sich grundlegend. Er ist gekränkt, sein Stolz verletzt, er fühlt sich, als sei er nie gebraucht worden. Am 20. Juni 1977 ist es soweit: Krug zieht – unter intensiver Anteilnahme der West-Presse – mit seiner Ehefrau *Ottilie* und den Kindern *Daniel, Josephine* und *Stephanie* nach West-Berlin. An der Grenze fragt ihn ein Mann vom ZDF, was er zurücklasse. Krug bricht in Tränen aus.

20 Jahre später veröffentlicht er das von ihm heimlich mitgeschnittene Gespräch in seinem Buch »Abgehauen«. Er schreibt ungeschönt über den DDR-Alltag für nicht linientreue Bürger und stellt dar, welche infamen Möglichkeiten es gibt, Menschen zu entmutigen und zu deprimieren. Das Buch wird später von Frank Beyer verfilmt und Manfred Krug von seinem Kollegen *Peter Lohmeyer* dargestellt.

Als er 1977 in den Westen geht, ist er einer der beliebtesten Schauspieler der DDR. Mehr als 60 Filme und Fernsehfilme wurden mit ihm gedreht, zwölf LPs hat er gemacht. Doch er fühlt sich in seiner neuen Heimat gleich zu Hause, denn Heimat bedeutet für ihn, dort zu sein, *»wo man mir gestattet zu wählen, ob es meine Heimat bleiben soll oder nicht«*. Im Westen gelingt ihm ebenfalls eine erfolgreiche Karriere. Er tritt in der Sesamstraße auf und wird als Trucker Franz Meersdonk in der Serie »Auf Achse« bekannt. Als Anwalt in der Serie »Liebling Kreuzberg« erobert er die Herzen der Fernsehzuschauer endgültig.

Die Rolle des Notars Robert Liebling ist ihm von Jurek Becker auf den Leib geschrieben: Der Typ ist unkonventionell, schnoddrig und ein wenig schrullig. Er hat einen Dreitagebart, raucht Zigarre und konsumiert große Mengen Wackelpudding. Die Serie zeigt das geteilte und später wiedervereinigte Berlin. Häufig erscheint die Berliner Mauer im Hintergrund, die Kanzlei und Schauplätze befinden sich zuerst im Westen und später auch im Osten der Stadt, vor allem in Mitte, wo sich die Kanzlei am *Monbijouplatz 12* *(▸ H 3)* und später Bevernstraße, Ecke Köpenicker Straße befindet.

Mit seiner Rolle als Tatortkommissar Paul Stoever an der Seite von *Charles Brauer*, alias Peter Brockmöller, spielt er sich schließlich auf den obersten Platz der Beliebtheitsskala. In 17 Jahren ist er 41 Mal Kommissar. Legendär werden die Gesangseinlagen des Ermittler-Duos.

ER KANN IMMER NUR SICH SELBST SPIELEN

Zwischendurch übernimmt er eine Rolle in dem Kinofilm »Der Blaue«, der sich als Erster mit dem Thema Verrat und Vergangenheitsbewältigung in Zusammenhang mit der Stasi auseinandersetzt. Von sich als Schauspieler behauptet er, er könne im Grunde immer nur sich selbst spielen. Deshalb sind sich seine Figuren ähnlich: direkte und ehrliche Charaktere, bärbeißig, scharfsinnig, gewitzt, mit trockenem Humor und Esprit. Damit ist er in seinem Leben gut vorangekommen, ob als Schauspieler, als Sänger oder als Autor des Buchs »Schweinegezadder«, ein Band mit Kurzgeschichten über Männer, die beispielsweise Katzen lieben und die Besitzerin nur heiraten, um dem Tier nah zu sein.

Inzwischen hat sich Krug von der Schauspielerei verabschiedet und ist wieder als Jazzsänger unterwegs. Er tritt im *Admiralspalast* 1 *(▸ G4)* auf oder im *Diener Tattersall*. Mit Liedern, mit denen er schon das DDR-Publikum Jahre zuvor erobert hatte. Obwohl er seit über 30 Jahren Westberliner ist, strömen die Ostberliner in seine Konzerte und singen die Texte mit.

Heute lebt er als urbaner Rentner in *Charlottenburg*, seinem Viertel. Er ist Berliner Flaneur, der beobachtet und selbst wenig spricht. Keine Interviews, ein bisschen singen, ein bisschen lesen, oft Sachbücher über Feinmechanik und Antiquitäten. Bis jetzt hat er viel erlebt und geleistet – auf seine ganz eigene Art.

Eine historische Figur, die noch nicht historisch ist. Vielleicht doch nicht ganz »Pittiplatsch, der Liebe«. Sondern einfach nur Krug, der Unübersehbare.

ADMIRALSPALAST 1 ▸ *G4*
Friedrichstraße 101-102, Mitte
www.admiralspalast.de
▶ U- und S-Bahn: Friedrichstraße

DIENER TATTERSALL
Grolmanstraße 47, Charlottenburg
www.diener-tattersall.de
▶ S-Bahn: Savignyplatz

DREHORTE »LIEBLING KREUZBERG«
Kanzleien in Mitte und in Kreuzberg, Monbijouplatz 12 (inzwischen abgerissen), später Bevernstraße, Ecke Köpenicker Straße
▶ S-Bahn: Hackescher Markt

PERSONENREGISTER

Eine *kursive* Zahl verweist auf eine Abbildung.

ORTS- UND SACHREGISTER

Eine *kursive* Zahl verweist auf eine Abbildung, eine **fett** gedruckte Zahl verweist auf eine Adresse am Ende der Kapitel.

Erlesene Ziele
Auf den Spuren berühmter Persönlichkeiten
ERHÄLTLICH AUCH ALS E-BOOK
HAMBURG
Eine Stadt in Biographien
BARCELONA
BERLIN
DUBLIN
LONDON
MÜNCHEN
NEW YORK
PARIS
PRAG
ROM
SAN FRANCISCO
ST. PETERSBURG
STOCKHOLM
WIEN
VENEDIG
ZÜRICH
MERIAN porträts

Liebe Leserinnen und Leser,
vielen Dank, dass Sie sich für einen Titel aus unserer Reihe MERIAN porträts entschieden haben. Wir freuen uns, Ihre Meinung zu diesem Buch zu erfahren. Bitte schreiben Sie uns an merian-portraets@travel-house-media.de.

© 2013 TRAVEL HOUSE MEDIA GmbH, München
MERIAN ist eine eingetragene Marke der GANSKE VERLAGSGRUPPE.

ISBN 978-3-8342-1155-2
2., unveränderte Auflage

Alle Rechte vorbehalten. Nachdruck, auch auszugsweise, sowie die Verbreitung durch Film, Funk, Fernsehen und Internet, durch fotomechanische Wiedergabe, Tonträger und Datenverarbeitungssysteme jeglicher Art nur mit schriftlicher Genehmigung des Verlages.

TRAVEL HOUSE MEDIA
Postfach 86 03 66
81630 München
www.merian.de

PROGRAMMLEITUNG
Dr. Stefan Rieß
PROJEKTLEITUNG
Susanne Kronester
REDAKTION
Juliane Helf
BILDREDAKTION
Lisa Grau
SCHLUSSREDAKTION
Sebastian Hofmann
HERSTELLUNG
Gloria Schlayer
SATZ/TECHNISCHE PRODUKTION
h3a GmbH, München
REIHENGESTALTUNG
independent Medien-Design, Horst Moser, München
DRUCKVORSTUFE
Repro Ludwig, Zell am See
DRUCK UND BINDUNG
Druckerei Kösel, Krugzell

TRAVEL HOUSE MEDIA

Ein Unternehmen der
GANSKE VERLAGSGRUPPE

PEFC
PEFC/04-31-1765

BILDNACHWEIS
S. 6–7 (v.l.n.r.): akg-images, shutterstock/Rob van Esch, bpk, shutterstock/elxeneize
S. 8–9 Orientierungskarte Gecko Publishing GmbH
akg: 71, Bildarchiv Pisarek 127 • Bildagentur Huber: Gräfenhain 15, 23, 28 • Bridgemanart: 12, 35, 43, 59, 115, 139 • Caro: Muhs 103, 111, Teich 140 • Cinetext: 27, Richter 51 • ddp images: dapd/M. Urban 30 • dpa Picture-Alliance: 99, 148, H. Wiedl 84 • D. Fleischmann: 19, 60, 63, 79, 95, 132, 143, 156, 159 • Getty: Gamma-Keystone 67 • Imago: arco images 39, S. Gudath 52, Schöning 55, 68, 87, Travel-Stock-Image 76, D. Heerde164 • Interfoto: Archiv Friedrich 107, KTS 123 • Keystone: Röhnert 135 • Laif: A. Akhtar 20, D. Schmid 36, Knorr+Hirth/SZ Photo 75, contrasto 91, D. Butzmann 92, J.-P. Boening/Zenit, VG Bild-Kunst, Bonn 2012 116, G. Knoll 124, Scherl/SZ Photo 131, K. Schraudenbach/SZ Photo 147, B. Geilert/GAFF 151, D. Baltzer/Zenit 155, 167, M. Trippel 163 • Prisma: waldhaeusl 44 • SZ Photo: 100, Teutopress 108 • TOPIC-Media: 11, DTCL/TopFoto 83 • ullstein bild: Schöning 47 • VISUM: Konzept und Bild 119